Wilhelm Erb

Über die wachsende Nervosität unserer Zeit

Wilhelm Erb

Über die wachsende Nervosität unserer Zeit

ISBN/EAN: 9783743612105

Hergestellt in Europa, USA, Kanada, Australien, Japan

Cover: Foto ©Thomas Meinert / pixelio.de

Wilhelm Erb

Über die wachsende Nervosität unserer Zeit

Ueber die wachsende Nervosität unserer Zeit.

Akademische Rede

zum Geburtsfeste des höchstseligen Grossherzogs

KARL FRIEDRICH

am 22. November 1893

beim Vortrage des Jahresberichtes und der Verkündung der akademischen Preise

gehalten

von

Dr. Wilhelm Erb,

Grossherzoglich Badischem Geheimrath, o. ö. Professor der Medicin,
Director der medicinischen Klinik

d. z. Prorector der Grossh. Bad. Universität Heidelberg.

Heidelberg.
Universitäts-Buchdruckerei von J. Hörning.
1893.

Hochansehnliche Versammlung!

Wie alljährlich sind wir auch am heutigen Tage hier in weihevoller Stimmung vereinigt, um in treuer Erinnerung den Geburtstag jenes erhabenen und weisen Fürsten dieses Landes zu feiern, welchem unsere Hochschule zu Anfang dieses Jahrhunderts ihre segenbringende Neugestaltung verdankt. Neunzig Jahre sind seit jenen denkwürdigen Tagen verflossen, da die von dem Geiste der Aufklärung getragenen und von dem wärmsten Interesse für die Pflege der Wissenschaften beseelten Edicte Karl Friedrichs von Baden erlassen wurden, von welchen die Wiedergeburt unserer Hochschule ausging; wir treten in das letzte Decennium des seitdem dahingeflossenen ersten Jahrhunderts unseres neubelebten Hochschuldaseins ein und bald wird in unserer festesfrohen Zeit eine hundertjährige Jubelfeier den unauslöschlichen Dank unserer Hochschule gegen ihren Neubegründer zu gesteigertem und vervielfältigtem Ausdruck bringen.

Es ist ein schöner und ehrwürdiger Brauch dieser festlichen Stunde, dass der Redner des Tages irgend einen Gegenstand behandelt, der ihm und seinem Studienkreise naheliegt.

Es wird der Historiker ein geschichtliches Thema von allgemeinem Interesse, der Nationalökonom die brennenden volkswirthschaftlichen Fragen der Gegenwart, der Jurist die neueren Fortschritte der Gesetzgebung besprechen, dem Theologen und Philologen, dem Chemiker und Physiker, dem Philosophen und Kunsthistoriker bieten sich überall reichliche Stoffe zu fesselnder Darlegung. Dem Arzte sind natürlich medicinische Fragen: die Ergebnisse der in der zweiten Hälfte unseres Jahrhunderts mächtig vorangeschrittenen medicinischen Forschung, die der Menschheit mit immer neuen

Schrecken und Gefahren drohenden grossen Volksseuchen, die dem Wohle der Einzelnen dienenden Fortschritte des Krankenhauswesens oder die dem Gesammtwohle nützlichen Errungenschaften der allgemeinen Gesundheitspflege und anderes mehr, erwünschte Gegenstände der Betrachtung.

So sei es auch mir heute gestattet, einen Gegenstand zu wählen, der meinen Studien am nächsten liegt, mit dem mich Neigung und Pflicht wohl am meisten in Berührung bringen und von dem ich hoffen darf, dass er auch weiteren Kreisen nicht ohne ein wohlbegründetes Interesse sein wird! Das ist unser Nervensystem und seine Erkrankungen.

Das Nervensystem — [das Gehirn, Rückenmark und die Ganglien, und die von diesen ausgehenden, zu allen Geweben und Organen des Körpers in Beziehung tretenden und von ihnen wieder zum Centralorgan zurückkehrenden Nervenbahnen umschliessend] — ist es allein, das die Einheit des thierischen und menschlichen Organismus begründet und alle seine Lebensvorgänge vermittelt: alle Freude und jeder Genuss, alles Leid und jeder Schmerz, die wir erfahren, gelangen nur durch das Nervensystem zu unserm Bewusstsein, alle Thätigkeit, die wir entwickeln, geschieht durch das Nervensystem; das Bewusstsein selbst und alle seine Aeusserungen sind an das Centralorgan des Nervensystems geknüpft: alle Höhen der geistigen Entwicklung, alle Fortschritte der Cultur, alle künstlerischen und ethischen Gestaltungen, alle Tiefen der Leidenschaft, wie alle Höhen genialen Geistesfluges, welche die Menschheit erreicht hat und je erreichen wird, haben in einer gesunden und kraftvollen Beschaffenheit des Nervensystems ihre unerlässliche Vorbedingung.

Was Wunder also, wenn auch Störungen in diesem staunenswerthen Gebilde häufig und von weittragendster Bedeutung sind und also auch das Interesse weitester Kreise der Gebildeten erregen und verdienen! Möge es mir desshalb heute gestattet sein, einen kleinen Streifzug auf dies umfangreiche Gebiet der Nervenstörungen zu unternehmen, freilich mit einer nothgedrungenen Beschränkung auf gewisse Krankheitsformen, die im Augenblicke wohl von hervorragendem allgemeinem Interesse sind: ich meine die sogen. functionellen Nervenkrankheiten.

Die neuere Periode unserer Universitätsgeschichte, die vom Jahre 1803 datiert, umfasst jetzt beinahe das ganze 19. Jahrhundert. Schon ein flüchtiger Blick auf die politischen und socialen Ereignisse dieser ganzen Zeitepoche lässt uns sehr verschiedene Entwicklungsstadien erkennen; und wenn es, wie ich später ausführen werde, nicht zweifelhaft sein kann, dass die politischen, socialen, culturellen Verhältnisse und alles, was darunter zu begreifen ist, einen hervorragenden Einfluss auf das Nervensystem der Menschen haben, so ergibt sich von selbst, dass das 19. Jahrhundert an demselben ganz bedeutende, wenn auch nicht immer glücklich zu nennende Spuren hinterlassen haben muss.

Zu Beginn desselben, da die furchtbaren Erschütterungen der französischen Revolution noch allüberall nachzitterten, war die europäische Culturwelt in beständiger Erregung durch die grossen napoleonischen Kriege und die damit verbundenen staatlichen Umwälzungen, durch die allgemeine Unsicherheit der Lage, durch die gleichzeitig weitverbreitete Noth und Sorge.

Die darauf folgende lange Zeit der Erschlaffung und der politischen Ruhe, die nur von einzelnen vorübergehenden Ausbrüchen der revolutionären Mächte unterbrochen war, und in welcher das Nervensystem sich etwas erholen konnte, dauerte nur bis gegen die Mitte des Jahrhunderts.

Nun aber tritt in rascher Folge eine Reihe von Ereignissen, Gedanken und Entwicklungen ein, welche der zweiten Hälfte des 19. Jahrhunderts ein ganz eigenartiges Gepräge geben und zu einer so vielumfassenden und mächtigen Umwälzung aller Verhältnisse führen, wie sie die Weltgeschichte in früheren Jahrtausenden noch kaum gesehen hat. Es sind nicht allein grosse kriegerische Ereignisse, grosse völkervernichtende, staatenumwälzende oder culturzerstörende Vorgänge gewesen, die sich vor unsern Augen abspielten, sondern in der Hauptsache culturelle Fortschritte, grosse Entdeckungen und Erfindungen, die einen mächtigen Einfluss auf die ganze Culturwelt und damit auch auf das Nervensystem der Culturvölker haben mussten.

Eingeleitet wird die Reihe dieser Vorgänge durch die, von einer staunenswerthen Entwicklung der Naturwissenschaften getragene, ausgiebige Verwendung der Naturkräfte im Dienste der Menschheit: gegen die Mitte des Jahrhunderts dämmert das Zeitalter des Dampfes herauf und es tritt die unendliche Verwerthbarkeit der wunderbaren Kraft der Elektricität hinzu: Dampfschifffahrt und Eisenbahn, Maschinen aller Art, Telegraph und Telephon werden von den rapide fortschreitenden mechanischen und technischen Wissenschaften der Menschheit zur Verfügung gestellt; es entwickelt sich in den folgenden Jahrzehnten ein die ganze Welt umspannender Verkehr, von dessen Schnelligkeit, Sicherheit und Ausdehnung die ausschweifendste Phantasie früherer Jahrhunderte sich wohl kaum eine Vorstellung gemacht hat; Zeit und Raum scheinen überbrückt, wir fliegen mit der Geschwindigkeit des Windes durch ganze Welttheile, wir sprechen direct oder indirect mit unsern Antipoden; zugleich entsteht eine mächtige, mit gewaltigen Kräften und Massen arbeitende, unzählige Menschen beschäftigende und gewaltige Werthe producirende Industrie; damit aber auch in's Ungemessene gesteigerte Concurrenz auf allen Gebieten; ein ganzer Welttheil — Amerika — tritt mit seiner rastlosen Thätigkeit, mit seinen unerschöpflichen Hülfsquellen in den Wettbewerb mit der alten Welt ein und droht sie auf vielen Gebieten zu überflügeln: und der Einzelne sowohl wie ganze Nationen sehen sich zu gewaltig vermehrten Anstrengungen in dem Kampfe um ihr Dasein genöthigt.

Aber damit nicht genug: Unter den rasch verrauschenden Stürmen der 48er Revolution entwickelt sich der Nationalitätsgedanke bei den verschiedenen Nationen und das Streben nach Einheit der in langer Zerrissenheit schmachtenden Völker wird bei uns in Deutschland ebenso wie in Italien zur treibenden Macht bei allen politischen Geschehnissen, während in Frankreich der immer unentschiedene Kampf zwischen Monarchie und Republik die Gemüther andauernd bewegt; gewaltige Kämpfe, unerhörte Kriege und Siege, politische Umwandlungen bedeutendster Art sind die Folge; das deutsche Reich ersteht in neuer, ungeahnter Machtfülle und wird fortan die Vormacht Europas; eine allgemeine Verschiebung der wirksamen politischen und socialen Mächte, aber auch gewaltige finanzielle, industrielle und Handelskrisen mit ihren verderblichen Folgen treten ein.

Dazu kommt das rapide Anwachsen der Grossstädte mit allen seinen schlimmen Einwirkungen; die Schaffung mächtiger, von Proletariern erfüllter Centren der Industrie; die Fortdauer und Wiederbelebung alter politischer und Geisteskämpfe zwischen Papst- und Kaiserthum, zwischen der christlichen und der materialistischen Weltanschauung; das Auftauchen ganz neuer sozialistischer Staatsgedanken, die alles Bestehende umzustossen drohen und die unklaren Köpfe der Massen verwirren!

Jedem Denkenden wird es einleuchten, dass alle diese Geschehnisse eines mächtigen Eindruks auf das Nervensystem nicht verfehlen und dass sie dasselbe unter den Mitlebenden in weiter Ausdehnung schädigen können.

Und so ist denn auch die Meinung allgemein verbreitet, dass diese Einwirkung eine sehr sichtbare und dass in unseren Tagen die Menschheit mehr oder weniger „nervös" geworden ist, dass Nervenleiden im Allgemeinen in viel grösserer Häufigkeit auftreten als früher. Man spricht geradezu von „unserem nervösen Zeitalter" und so ist es wohl erlaubt, zu untersuchen, was an dieser weitverbreiteten Meinung richtig ist und wie es mit dieser Nervosität unserer Zeit steht.

Die Meinungen über das, was man eigentlich unter „Nervosität" zu verstehen habe, gehen unter den Laien und selbst unter den Aerzten weit auseinander und sehr verschiedene Begriffe werden mit dem verbunden, was man „nervös" nennt. Es ist unzweifelhaft berechtigt, alles das dem Begriffe der Nervosität anzugliedern, was bei vielen sonst anscheinend gesunden und leistungsfähigen Menschen auf eine gesteigerte Erregbarkeit des Nervensystems hindeutet: die Hast und Unruhe in den Bewegungen und bei der Arbeit, die Empfindlichkeit gegen Sinneseindrücke, die Schreckhaftigkeit, grössere Reizbarkeit und Aergerlichkeit, die geringere Resistenz gegen die kleinen Unbequemlichkeiten des Lebens, gegen „die Tücke des

Objects" (Vischer), die wechselvolle Stimmung, die Unruhe des Schlafs, das „Angegriffensein" nach jeder etwas anstrengenden Leistung, die Erregbarkeit des Herzens und des Gefässsystems und dergleichen mehr. — Aber dies alles ist noch nicht eigentlich Krankheit, das sind Zustände, die leicht zu ertragen sind und sich gerade bei hervorragenden und leistungsfähigen Menschen recht häufig finden; sie bilden nur eine Vorstufe, einen Uebergang von der Gesundheit zur Krankheit, freilich aber auch sehr häufig den fruchtbarsten Boden für die Entwicklung der letzteren. Eben in ihrer grossen Häufigkeit, die sich aus den modernen Lebensverhältnissen unschwer erklärt, liegt ein Beweis dafür, dass unsere Zeit nicht mit Unrecht der „Nervosität" beschuldigt wird. Zugleich bilden sie eine reichlich fliessende Quelle für jene Zustände, die schon auf pathologischem Gebiete liegen, schon ausgesprochene Krankheit darstellen.

Und zu diesen gehören vor allen Dingen die sogen. functionellen Neurosen, d. h. diejenigen Erkrankungen des Nervensystems, die sich nur in einer gestörten Function desselben auf den verschiedensten Gebieten äussern, ohne dass es unsern jetzigen Hülfsmitteln gelänge, sichtund greifbare, sogen. anatomische oder organische Veränderungen an den Nervenapparaten festzustellen.

Es liegt nahe und wäre sehr interessant zu erforschen, ob auch die mit anatomisch-nachweisbaren Veränderungen einhergehenden sog. organischen Erkrankungen des Nervensystems (des Gehirns, Rückenmarks, Sympathicus und der peripheren Nerven) in unseren Tagen in besonderer Häufigkeit und vermehrter Intensität auftreten. Es würde mich das hier viel zu weit führen, aber die spätere Untersuchung wird es sehr wohl begreiflich erscheinen lassen, dass — wenn eine erhebliche Ausbreitung der „Nervosität" überhaupt, wenn eine Steigerung der functionellen Erkrankungsfähigkeit der Nerven in unseren Tagen nachgewiesen werden kann — dann auch eine geringere Widerstandsfähigkeit bestehen wird gegen die Schädlichkeiten, welche die anatomischen Veränderungen des Nervensystems herbeiführen (gegen die verschiedenen Gifte: Alkohol, Absynth, Blei, Arsen, gegen

Infectionen aller Art: Diphtherie, Influenza, Syphilis, Tuberculose, gegen Erkältungen, Traumata u. s. w.); und in der That scheint auch die Erfahrung eine zunehmende Häufigkeit der organischen Erkrankungen des Nervensystems zu bestätigen, so z. B. bei der Dementia Sparalytica, der Tabes, den Apoplexien, der Myelitis, den Neuritisformen etc.

Beschränken wir uns jedoch auf die functionellen Neurosen, so fällt unter diesen Begriff eine grosse Reihe verschiedener Erkrankungsformen, die zum Theil von Alters her bekannt, zum Theil in unserer Zeit erst definirt und abgegrenzt wurden, vor allem die Hysterie und Hypochondrie, dann die erst in neuerer Zeit schärfer erkannte Neurasthenie, weiterhin die Beschäftigungsneurosen (Schreibekrampf und Aehnliches), die Schlaflosigkeit, der Veitstanz, die Basedow'sche Krankheit, ein grosser Theil der Psychosen, der Epilepsie und Andere mehr.

Die drei zuerst genannten Neurosen überwiegen an Zahl bedeutend: die Hysterie mit ihrem schon im Alterthum bekannten, aber erst in unseren Tagen (besonders von der französischen Schule) schärfer präcisirten Krankheitsbild; mit ihrer fast unerschöpflich scheinenden Symptomenfülle, mit ihren stets wiederkehrenden typischen Schmerzen, Neuralgien und Anaesthesien, Störungen der Sinnesorgane, Lähmungen und Krämpfen, mit ihren sonderbaren nervösen Anfällen der verschiedensten Art und mit ihrem characteristischen psychischen Verhalten, die das weibliche Geschlecht erheblich bevorzugt, aber neuerdings auch bei Männern in steigender Häufigkeit beobachtet wird;

die Hypochondrie mit der ihr eigenen deprimirten Gemüthsverstimmung, mit ihrer Furcht vor schwerem Erkranktsein, mit ihrer schon als psychische Störung aufzufassenden falschen und pessimistischen Deutung aller möglichen körperlichen Empfindungen und Zustände;

und endlich die Neurasthenie mit ihrer Reizbarkeit, Schwäche und Erschöpfbarkeit auf allen Gebieten des Nervensystems, mit ihrer lähmenden Einwirkung auf jede Art der menschlichen Bethätigung und Leistungsfähigkeit.

Besonders die Neurasthenie ist es, welche weitaus die grösste Bedeutung hat in unseren Tagen, sie ist die häufigste und wichtigste der genannten Neurosen; in den Sprechzimmern der Nervenärzte stellt sie unter den Hülfesuchenden das grösste Contingent: sie ist es, welche den Nerven- und Wasserheilanstalten zu einer ungeahnten Blüthe verholfen hat, welche die Schaaren der Erholungsbedürftigen zur Sommerszeit in Wald und Berge oder an die See entsendet; und wenn man in unseren Tagen von der grossen Häufigkeit der „Nervosität" als eigentlicher Krankheit spricht, so ist es die Neurasthenie, welche damit in erster Linie gemeint ist.

Schon längst vorhanden und in den Schriften früherer Aerzte, aus unserem und aus früheren Jahrhunderten, wohl zu erkennen und unter zahlreichen verschiedenen Namen beschrieben, ist sie doch erst in unseren Tagen, besonders durch die scharfe Beobachtungsgabe und die vorzügliche Darstellung eines amerikanischen Arztes, George Beard, in die Krankheitslehre dauernd eingeführt und genau präcisirt worden, soweit dies bei der unendlichen Fülle ihrer Erscheinungen möglich ist. Eine umfassende Literatur ist in wenigen Jahren über die Neurasthenie herangewachsen und wenn sie auch niemals scharf abzugrenzen sein wird von den früher erwähnten Uebergängen zwischen Gesundheit und Krankheit, die wir schon der „Nervosität" zugerechnet haben, und wenn sie auch fliessende Uebergänge und mancherlei Verwandtschaft zeigt zu der Hysterie, der Hypochondrie, den Beschäftigungsneurosen u. s. w., so ist sie doch zweifellos theoretisch und praktisch wohl zu definiren und als eine ganz berechtigte und überall leicht zu erkennende Krankheitsform zu betrachten.

Darf ich es wagen, verehrte Anwesende, Ihnen in Kürze darzulegen, was wir unter Neurasthenie verstehen? Ohne auf lange Entwicklungen einzugehen, lässt sich das doch in der Hauptsache kurz aussprechen, wenn auch freilich für eine erschöpfende Darlegung der Raum dieser flüchtigen Stunde nicht ausreichen würde.

Das Wort „Neurasthenie" bedeutet einfach „Nervenschwäche": aber es ist nicht die Schwäche des Nervensystems allein, welche das

Leiden ausmacht; charakteristischer noch ist eigentlich die Erschöpfbarkeit des Neurasthenikers, seine Unfähigkeit, eine bestimmte geistige oder körperliche Leistung ausdauernd und wiederholt zu vollführen, wenn ihm das auch für's erste Mal und für kurze Zeit gelingt; und noch ein drittes kommt hinzu, das ist eine gesteigerte Erregbarkeit des Nervensystems, seine Reaction auf geringere Reize als in der Norm, die Auslösung von unerwarteten und über das normale Mass hinausgehenden Reactionen auf alle möglichen unbedeutenden Einwirkungen.

Alle diese Dinge, die Schwäche, Erschöpfbarkeit und gesteigerte Reizbarkeit sind aus physiologischen (normalen) Verhältnissen Jedermann bekannt und geläufig; dass sie in gesteigertem Masse vorhanden sind, dass sie bleibend bestehen, dass sie auf geringfügige Veranlassungen in die Erscheinung treten, das characterisirt die Neurasthenie.

Einige Beispiele werden das deutlicher machen: hat der Gesunde einen grossen Marsch, eine anstrengende Bergtour gemacht, so ist er müde und erschöpft; aber diese Ermüdung schwindet nach genügender Ruhe vollständig; erscheint dieselbe jedoch schon bei ganz geringer Anstrengung, oder ist sie selbst ohne jede Anstrengung schon da und verschwindet sie trotz längerer Ruhe nicht oder nur unvollständig, so ist das pathologisch; — Jeder von Ihnen weiss, dass nach starken geistigen Anstrengungen, nach schweren Gemüthsbewegungen, Aufregungen oder Nachtwachen ein Zustand geistiger Ermüdung, Denkunfähigkeit, Willenserschlaffung, verbunden mit Druck und Schmerz im Kopfe, eintreten kann; der Gesunde überwindet das bald, das Gehirn erholt sich in der Ruhe rasch — geschieht dies nicht, besteht ein solcher Zustand schon nach geringen geistigen oder gemüthlichen Anstrengungen, so ist das krankhaft; — wenn ein junger Mann der Geliebten schüchtern sein Geständnis macht, so ist es begreiflich, dass er Herzklopfen und Beklemmung fühlt, erröthet und erbleicht; wenn aber die gleichen Erscheinungen auftreten bei der Begegnung mit irgend einer gleichgültigen Person, während einer harmlosen Anfrage bei dem Vorgesetzten, wenn sie ihrem Träger das Leben und den Verkehr mit Andern verbittern, so ist das pathologisch: — wenn schwere Sorgen. Kummer, verantwortliche Entscheidungen dem Gesunden den Schlaf rauben, so ist das physiologisch: wenn aber der Schlaf einen Menschen andauernd flieht, der nichts von alledem zu erdulden oder nur eine geringfügige Erregung erlitten hat, dann ist dies krankhaft; — wenn jemand auf schwindelndem Steg oder beim Fahren mit wilden Pferden auf gefährlicher Strasse, oder inmitten der Blitze eines Hochgebirgsgewitters Angst, Todesangst empfindet und unterzugehen fürchtet, so finden wir dies natürlich; wenn er aber dieselbe masslose Angst empfindet, sobald er über eine etwas breite Strasse, oder einen menschenleeren Platz gehen soll, oder in der Ferne ein Gewitter am Himmel entdeckt, oder hört, dass mit Böllern geschossen wird, so sehen wir dies als ein Zeichen von Krankheit an.

Es mag an diesen leicht zu vermehrenden Beispielen genügen: sie zeigen, dass es sich bei dem Neurastheniker um eine krankhafte Steigerung und Fixirung physiologischer Vorgänge handelt. Der Neurastheniker kann zunächst fast alles machen wie ein Gesunder, aber er ermüdet sofort, er ist rasch erschöpft und wird die Ermüdung nicht mehr los; zudem reagirt er auf alle Reize in gesteigertem Masse und das wirkt wieder verschlimmernd auf seine Ermüdung und Erschöpfbarkeit zurück.

Und so liegt es nicht blos für den Laien sondern auch für den — hier allerdings noch recht mangelhaften — Stand des ärztlichen Wissens sehr nahe, die Neurasthenie mit der Ermüdung zu vergleichen und sie als eine pathologische Steigerung und Fixirung der Ermüdung aufzufassen. Die Erfahrungen des täglichen Lebens während physiologischer Ermüdungszustände, ebenso wie die Erfahrungen der Physiologen an ermüdeten und absterbenden Nerven lassen es dabei begreiflich erscheinen, dass auch die gesteigerte Reizbarkeit mit diesen Ermüdungsvorgängen in einer engeren Beziehung stehe und das für solche Zustände gebrauchte Wort: „reizbare Schwäche" deckt diesen Begriff ziemlich gut.

Ueber das eigentliche Wesen dieser Vorgänge sind wir allerdings noch im Unklaren; aber ebenso wenig, wie wir bei der physiologischen Ermüdung gröbere anatomische Veränderungen in den Nerven und Muskeln voraussetzen dürfen, können wir dieselben bei der Neurasthenie erwarten; vielmehr spricht alles dafür, dass es sich hierbei nur um feinste, moleculare, mit unsern Hülfsmitteln zunächst nicht nachweisbare Veränderungen handelt, die wohl dem Chemismus des Stoffwechsels angehören: mithin um das, was wir functionelle Störungen nennen.

Also erhöhte Reizbarkeit auf der einen, grosse Schwäche, Ermüdung und Erschöpfbarkeit und daraus sich ergebende verminderte Leistungsfähigkeit auf der andern Seite ist die Signatur der Neurasthenie; und da nun diese Zustände sich an allen Theilen des Nervensystems, am Gehirn, an Geist und Gemüth, an den Sinnesorganen, am Rückenmark und den sympathischen Nerven, am Circulations- und Gefässapparat, am Verdauungs- und Generationssystem — kurz überall im Körper — einstellen können, da sie durchaus nicht immer gleichzeitig über alle die genannten Organe verbreitet sind, ergibt sich daraus die geradezu unerschöpfliche Mannigfaltigkeit des Symptomenbildes der Neurasthenie, mit dem ich mich aber hier nicht zu beschäftigen habe.

Die folgenden Betrachtungen beziehen sich nun zumeist auf diese Krankheit, gelten aber — mit geringen Modificationen — zum grössten Theil auch für die übrigen wiederholt genannten Neurosen.

Und da fragt es sich nun zunächst, ob wirklich in unsern Tagen eine so erhebliche Zunahme der „Nervosität" in ihren einzelnen Erkrankungsformen stattgefunden hat, wie man das vielfach annimmt.

Wenn unsere Zeit an sich einen so schlimmen Einfluss haben soll, so müssen wir uns fragen, ob nicht ein Rückblick in die Geschichte früherer Jahrtausende uns lehrt, dass da und dort schon ähnliche Zeiten, ähnliche Höhen der Culturentwicklung, ähnliche Zustände der beginnenden „Entnervung" ganzer Völkerschaften, Schädigung des Nervenlebens zahlreicher Volksgenossen dagewesen sind.

Sollte nicht zu Zeiten der höchsten Kunstblüthe und des hochgesteigerten Geisteslebens in Griechenland, da gleichzeitig durch aufregende politische Kämpfe, durch gesteigerte Ueppigkeit und auf abnormen Wegen wandelnde Sinnlichkeit die Nerven der Athener hinreichend gereizt wurden, auch dort ein „nervöses Zeitalter" geherrscht haben? Und wie mag es in Rom zur Kaiserzeit, bei dem hereinbrechenden Verfall, wo Luxus und Ueppigkeit, wo verfeinerte Genusssucht gepaart mit Ausschweifungen aller Art, mit Zuchtlosigkeit und erschreckender Grausamkeit, wo endlose politische Kämpfe, Corruption und Aufregungen jeder Art in der von rasendem Lärm und dem Getümmel aufgeregtesten Volkslebens erfüllten Grossstadt, auf die heissblütigen Römer wirkten, wie mag es da vom Standpunkte des Neurologen ausgesehen haben?

Und was mag das Mittelalter mit seinen rohen Sitten, in den Zeiten der hochgespannten religiösen Erregung, der Kreuzzüge, der furchtbaren Verheerungen durch die Pest und den schwarzen Tod, was mag die Renaissancezeit mit ihrem hochentwickelten Geistesleben, aber auch mit der sittenlosen Ueppigkeit der Höfe und der nicht minder verbreiteten Trunksucht und Lüderlickeit der reichen Handelsstädte an Nervenkrankheiten gezeitigt haben!

Wie mögen die Erschütterungen des dreissigjährigen Krieges mit seinen endlosen Schrecken und Nöthen, mit dem Ruin der Städte und dem Verfall der Staaten, und wie mag die an den Höfen der Bourbonen aufschiessende Zuchtlosigkeit, die schliesslich zu den Greueln der grossen französischen Revolution führten, auf die Nerven der Zeitgenossen gewirkt haben?

Es wäre ein hochinteressantes historisch-pathologisches Problem, die Antwort auf diese Fragen zu suchen. Leider aber ein so gut wie aussichtsloses Beginnen! Die Geschichte überliefert uns wohl die kriegerischen und politischen Ereignisse getreu, sie berichtet wohl auch von Krankheiten und von der psychischen und somatischen Degeneration hervorragender Herrscherfamilien, aber die Geschichte der Krankheiten, soweit sie sich nicht auf die grossen mörderischen Volksseuchen bezieht, ist mehr als lückenhaft; höchstens weiss sie von gewissen epidemischen Psychopathien, die durch viele Jahrhunderte gehen, — so die Tanzwuth, die Kinderfahrten, der Tarantismus, die schwedische Predigerkrankheit, die amerikanischen Jumpers und dergl. — zu erzählen. Aber selbst die Geschichte der Medicin weiss von unserer „Nervosität", von der Neurasthenie so gut wie nichts, diese Dinge waren noch nicht hinreichend bekannt, wurden nicht beachtet und fanden keine Stelle in den wechselnden medicinischen Systemen; kaum sind einzelne Züge davon in den Schilderungen der älteren Aerzte zu erkennen.

Die Schriften des Hippocrates, des Celsus, Galens u. A. lassen kaum irgend eine Spur davon nachweisen; und doch zeigt die Schilderung der Epilepsie bei Hippocrates, die Erwähnung der Migräne und die Beschreibung der Hysterie bei Galen, dass auch in jenen Tagen schon die functionellen Neurosen vorhanden und weit genug verbreitet waren. Aber die Ueberlieferung hat sich nur auf diejenigen unter ihnen erstreckt, welche durch die Sonderbarkeit und Schwere ihrer Erscheinungen Aufsehen und Schrecken erregten und den Aerzten besonderes Interesse einflössten.

Auch aus dem Mittelalter und den folgenden Jahrhunderten beweisen die Schilderungen der soeben erwähnten, höchst merkwürdigen epidemischen Psychopathien, — die wohl zumeist hysterischer Natur sind und auf einer Art von psychischer Infection und auf Suggestion beruhen und die bis in die neueste Zeit gelegentlich noch in den verschiedensten Ländern vorkommen. — dass auch damals eine weitverbreitete und hochgesteigerte Erregbarkeit des Nervensystems bestand.

Aber von einer genaueren Kenntniss der Ausbreitung und Häufigkeit auch nur der bekanntesten functionellen Neurosen ist keine Rede; und aus der mehr oder weniger unsicheren oder gezwungenen Deutung historischbeglaubigter Erkrankungen hervorragender Persönlichkeiten, aus der weiten Verbreitung des Mönchwesens, aus der Entwicklung der Klöster und Beguinenanstalten, aus dem Untergang grosser Völker und mächtiger Staatengebilde, die man als „entnervte" zu bezeichnen beliebt, Schlüsse ziehen zu wollen auf die in jenen Epochen vorhandene Häufigkeit jener Neurosen, ist ein mehr als hoffnungsloses Beginnen. Sind doch selbst die medicinischen Beobachtungen und literarischen Nachweise aus dem 18. und 19. Jahrhundert so lückenhaft, dass ein sicheres Bild von der Verbreitung der functionellen Neurosen nicht gewonnen werden kann.

Erst in unsern Tagen, da eine erheblich verfeinerte Diagnostik die einzelnen Formen unter sich und von den organischen Erkrankungen zu unterscheiden gelehrt hat, eröffnet sich die Aussicht auf ein bestimmteres Wissen in diesem Punkt. Wohl treten Hysterie und Hypochondrie in der Literatur immer deutlicher hervor, aber die Neurasthenie ist in ihrer wissenschaftlichen Existenz und nosologischen Begründung eigentlich ein Product unserer Tage; bis vor kurzem noch ist sie von hervorragenden Neuropathologen einfach nicht anerkannt und gänzlich bei der Hypochondrie oder Hysterie untergebracht worden: erst seit circa 15 Jahren hat sie sich das Bürgerrecht unter den Nervenkrankheiten erworben und ist dann auch sehr rasch zu ansehnlicher Bedeutung gelangt. Und doch geht aus den Schilderungen des vorigen und noch mehr aus der Literatur unseres Jahrhunderts, aus der grossen Fülle der Schriften über „Spinalirritation", „Etat nerveux", „Nervosismus" etc. zur Genüge hervor, dass sie längst besteht und auch allüberall recht verbreitet gewesen ist.

Aber unsere Frage war und ist ja, ob sie wirklich — mit den andern Neurosen — in unsern Tagen häufiger geworden ist, ob sie wirklich in so erschreckendem Masse zugenommen hat, wie man vielfach glaubt, und ob sie etwa noch weiter zunehmen wird?

Das ist nun freilich nicht mit Zahlen zu belegen; bis heute haben wir darüber noch keine Statistik; die wird auch nicht so leicht zu gewinnen sein; vorerst können uns nur allgemeine Eindrücke leiten und die sprechen allerdings eine sehr deutliche Sprache, ebenso wie die Betrachtung der Ursachen der Nervosität, die uns sogleich beschäftigen wird.

Für eine Gruppe von Nervenkrankheiten, für die Psychosen, welche statistisch ja viel leichter zu fassen sind, glaubt man den Nachweis ihrer zunehmenden Häufigkeit in unseren Tagen geliefert zu haben, und obgleich dies nicht unwidersprochen geblieben, so wird doch von der Mehrzahl der Psychiater die Ansicht getheilt, dass in der That die Geisteskrankheiten, besonders gewisse Formen derselben (die progressive Paralyse, die primäre Verrücktheit, die psychischen Minderwerthigkeiten und Degenerationszustände) in einer stetigen Zunahme begriffen sind.

Für die übrigen Gruppen jedoch, speciell für die Neurasthenie und Hysterie ist nur die, sich über die letzten Decennien erstreckende Erfahrung der Aerzte massgebend, und diese geht übereinstimmend dahin, dass in der That eine ganz unzweifelhafte und erhebliche Zunahme der Neurasthenie eingetreten ist; in allen Schichten der Gesellschaft, besonders in den gebildeten Ständen, unter den „Hirnarbeitern", aber auch unter den Armen und Elenden ist offenbar die Neurasthenie jetzt ein viel weiter verbreitetes Uebel als früher; man braucht unter Gelehrten und Beamten, Aerzten und Offizieren, Kaufleuten und Bankiers, Eisenbahn- und Telegraphenbeamten, Journalisten und Lehrern, aber auch unter den Schreibern, Fabrikarbeitern, Näherinnen u. s. w. nicht lange darnach zu suchen, überall zeigt sie sich in erschreckender Häufigkeit; in der heranwachsenden Jugend ebenso, wie im blühenden und leistungsfähigsten Alter wächst die Zahl ihrer Opfer; die früher ausschliesslich dem weiblichen Geschlechte zugeschriebene Hysterie tritt in überraschender Häufigkeit auch bei Männern auf und in Frankreich, dem classischen Boden der Hysterie, will man sogar in der arbeitenden Bevölkerung die männliche Hysterie ebenso häufig wie die weibliche beobachten. Jedenfalls vereinigen sich zahlreiche Einzelthatsachen und eine Reihe von Gründen in fast zwingender Weise zu dem Schluss, dass die Nervosität gegen das Ende des 19. Jahrhunderts ausserordentlich zugenommen hat und dem vielberufenen fin de siècle ein eigenartiges Gepräge verleiht. Auch die riesig anwachsende medicinische Literatur über diesen Gegenstand scheint dies zu bestätigen.

Welches sind die Gründe dafür? Liegen sie in unseren Zeitverhältnissen, in den modernen Lebensgewohnheiten, in den Fortschritten und der Verfeinerung unserer Cultur, in den neuen Gestaltungen des modernen Daseins und Verkehrs?

Eine interessante Frage — deren Lösung wir aber nur versuchen können, wenn wir einen Blick auf die uns bekannten Ursachen der Nervosität (speciell der Neurasthenie) werfen.

Schon eine flüchtige Umschau lehrt, dass alles, was das Nervensystem anstrengt, ermüdet und erschöpft, im Stande ist, jenen krankhaften Zustand desselben herbeizuführen, welchen wir als pathologische Fixirung der Ermüdung, als reizbare Schwäche und Erschöpfbarkeit characterisirt haben.

Unzählige Dinge vermögen das, die Erfahrung lehrt jedoch, dass es weit überwiegend psychische Momente sind, deren Uebermass schädlich wirkt und die theils auf rein intellectuellem Gebiet, theils durch Einwirkungen auf das Gemüthsleben angreifen.

Die Neurasthenie ist vorwiegend eine Erkrankung der Hirnarbeiter, derjenigen, die ihren Lebensunterhalt mit geistiger Arbeit irgend welcher Art gewinnen, und die in ihrem Berufsleben oder auch aus Neigung sich übermässigen geistigen Anstrengungen aussetzen; während von der Hysterie vielleicht gesagt werden kann, dass sie häufiger von Einwirkungen auf das Gemüth, auf das Empfindungsleben ausgelöst wird; doch ist hierin eine scharfe Grenze zwischen beiden Erkrankungsformen nicht zu ziehen.

Geistige Ueberanstrengung, Ueberarbeitung und Ueberbürdung im Beruf sind wohl die wichtigsten von allen directen Ursachen der Neurasthenie. Schon in der Jugend, bei dem heranwachsenden Geschlecht, spielen sie eine grosse Rolle: die vorzeitige und übermässige Belastung des kindlichen Gehirns mit geistiger Thätigkeit, wie sie den Schulen, besonders den Mittelschulen, und zum Theil gewiss mit Recht, vielfach zum Vorwurf gemacht wird, ist hier in erster Linie zu nennen: die vielen, in oft ungenügenden und schlecht ventilirten Räumen verbrachten Schulstunden, die Masse und Schwierigkeit des zu bewältigenden Lernstoffs, die Menge der häuslichen Arbeiten, die Vernachlässigung der nöthigen Ruhepausen und der körperlichen Ausbildung sind Schädlichkeiten, die — wenn sie auch vielleicht nicht alsbald zu sichtbarem Schaden führen — doch nicht geläugnet werden können und besonders an den schwächer veranlagten Individuen ihre schlimmen Einflüsse äussern. Das gilt in gleichem Masse wie für die Knabenschulen auch für die immer zahlreicher werdenden höheren Mädchenschulen.

Auf den Hochschulen ist allerdings während der eigentlichen Studienzeit von einer Ueberbürdung und geistigen Ueberanstrengung wohl nur selten die Rede; die ausgiebige und oft über das erlaubte Mass hinausgehende Interpretation der akademischen Freiheit im Sinne des Nicht-Arbeitens bildet hier eine Correctur, der wir freilich oft entrathen könnten; umso mehr tritt dann in der Hast und Intensität der Vorbereitung auf die Examina die geistige Ueberarbeitung als krankmachende Schädlichkeit hervor; und geradezu betrübend sind die Erfahrungen, welche der Nervenarzt mit dem jetzt so überaus häufig gesuchten Lehrerinnenexamen macht.

Am meisten aber tritt die Ueberarbeitung in dem eigentlichen Berufsleben der Kopfarbeiter in ihrer schlimmen Wirkung hervor. Der Kampf uns Dasein zwingt zur Anspannung aller geistigen Kräfte, verdoppelte Anstrengungen werden gemacht, um die Leistungen auf der erforderlichen Höhe zu erhalten, um die Lebensführung zu ermöglichen; die Arbeitszeit wird verlängert, die Nacht zum Tage gemacht; drängende Arbeiten müssen erledigt werden und so geht es in fliegender Hast weiter bis die Kräfte erschöpft sind, denn es fehlen die zur Erholung nöthigen Ruhepausen und häufig auch der erwünschte Schlaf.

Demnächst wird das Nervensystem am meisten von Ueberanstrengungen der Gemüthsseite bedroht: von Aufregungen und Gemüthsbewegungen, wie sie theils im privaten Leben durch Sorgen, Noth, Kummer, durch Angst und Schrecken, durch geschäftlichen Aerger und Aufregungen, durch unglückliche Familienverhältnisse, gekränkten Ehrgeiz, getäuschte Hoffnungen, Hazardspiel etc. vorkommen, theils im öffentlichen Leben durch die politischen, religiösen und socialen Kämpfe, durch die Betheiligung an der Selbstverwaltung, an dem staatlichen Leben, am Parteitreiben etc. gegeben sind. Viele nervöse Schwächezustände rühren von solchen Einwirkungen her.

Diesen psychischen Schädlichkeiten gegenüber treten die rein körperlichen oder somatischen Ursachen verhältnissmässig zurück, aber sie werden umso wirksamer, je mehr sich psychische Erregungen mit ihnen verbinden. Auch hier ist alles schädlich, was überanstrengt und ermüdet: so Ueberanstrengungen der Muskeln durch unsinnige Märsche mit schwerem Gepäck, grosse Bergtouren, im Uebermass betriebener Sport jeder Art (Radfahren, Rudern, Distanzgehen etc.): noch mehr und wichtiger Ueberreizung und Ueberanstrengung der Generationsorgane, in Form von sexuellen Excessen und Ausschreitungen jeder Art, besonders wenn dieselben, wie so häufig und besonders für die Masturbation zutreffend, dem heranwachsenden und noch nicht voll ausgebildeten jugendlichen Körper zugemuthet werden; weiterhin das Uebermass im Gebrauche der Genussmittel, des Alcohols, Tabaks, des Kaffees und Thees, deren Missbrauch schon manches kräftige Nervensystem ruinirt hat.

Complicirtere, aber ähnlich wirksame Schädlichkeiten sind weiterhin verlängerte Nachtwachen, Ueberreizung der Sinne durch Musik, Theater, aufregende Schauspiele und Lectüre, ein Uebermass in Geselligkeit, Nachtschwärmerei etc. — Eine erst in unseren Tagen genügend gewürdigte Ursache der Neurosen liegt ferner in schweren körperlichen Erschütterungen, wie sie bei Eisenbahnunfällen und durch alle möglichen sonstigen Verletzungen, Traumata, entstehen; dabei spielen aber auch häufig der Schrecken und die Angst, also, wie wir das jetzt nennen, das psychische Trauma, eine hervorragende Rolle.

Wenn ich endlich noch alle möglichen körperlich schwächenden Momente erwähne, so die verschiedensten Krankheiten, besonders manche Infectionskrankheiten, (die Influenza hat dies in unseren Tagen wieder in hervorragendem Masse gezeigt), die Blutarmuth, die Chlorose, viele Verdauungskrankheiten, aber auch einfach schlechte Ernährung, schlechte Luft, viel Stubensitzen, Mangel an Bewegung etc. — so habe ich damit die wichtigsten auslösenden Ursachen der Neurasthenie berührt.

Jeder Laie sieht, dass alle diese Dinge auf das Nervensystem schwächend und erschöpfend einwirken, seine Ernährung schädigen müssen; und sie thun dies um so sicherer, wenn mehrere Schädlichkeiten zusammenwirken und so ihren Einfluss poteuziren; wenn z. B. die geistigen Anstrengungen unter gleichzeitigen Gemüthsbewegungen, Sorgen, Aufregungen, grosser Verantwortung geschehen, oder wenn sich mit Excessen aller Art eine grosse geistige Thätigkeit, ein aufreibender Beruf verbindet, oder wenn das mit Gram und Sorgen beladene Gemüth den Einflüssen einer schweren Krankheit oder einem mit Schrecken verbundenen Trauma unterliegt.

Und doch gehen alle diese Schädlichkeiten vielfach spurlos an dem Nervensystem vorüber, wenn nicht noch Eines hinzutritt, was vielleicht die wichtigste Vorbedingung für das Entstehen der functionellen Neurosen ist: Dieses Eine ist die nervöse Disposition oder wie wir jetzt meist sagen, die neuropathische Belastung. Wir verstehen darunter die in zahlreichen Familien vorhandene, von Geschlecht zu Geschlecht sich fortpflanzende und nicht selten steigende Geneigtheit zu nervösen Erkrankungen; in buntem Wechsel sieht man in solchen belasteten Familien Migräne, Veitstanz, Neuralgien, Hysterie, Epilepsie, Gemüthskrankheiten und ganz besonders auch Neurasthenie auftreten; häufig verräth sich die Disposition schon im frühen Kindesalter an dem aufgeregten Wesen, der grossen und oft einseitigen Begabung, den Charactereigenthümlichkeiten, dem unruhigen Schlaf, der Neigung zu Kopfschmerz und Migräne, bis später allerlei Krankheiten zum Vorschein kommen.

Diese nervöse Veranlagung kann von jedem der Erzeuger auf die Kinder übertragen werden und wird es um so sicherer, wenn beide Eltern nervös sind oder aus nervösen Familien stammen, oder gar, wenn sie einer und derselben schon neuropathisch belasteten Familie angehören; daher die oft besprochene Schädlichkeit der Verwandtenehen auch in dieser Beziehung.

Diese nervöse Disposition kann auch — wo sie nicht angeboren ist — erworben werden — durch alle die vorhin genannten Ursachen der Nervosität — und sich dann auf die Nachkommen weiter übertragen; sie spielt eine ganz hervorragende Rolle bei der Entstehung der Neurasthenie und ihrer Verwandten; genauere Zahlen darüber fehlen, aber einige Nervenärzte berechnen die Häufigkeit dieser aetiologischen Schädlichkeit bei der Neurasthenie auf 75—80%. Manchmal scheint sie allein schon genügend, um die Betroffenen neurasthenisch zu machen, jedenfalls bereitet sie in den meisten Fällen den Boden für die Einwirkung der übrigen Schädlichkeiten.

Ein Rückblick auf die hier kurz skizzirten Ursachen der Nervosität lässt auch eine Reihe von weiteren Thatsachen erklärlich erscheinen: so die überwiegende Häufigkeit der Neurasthenie in den höheren Berufsklassen, bei den Hirnarbeitern, ihr Ueberwiegen bei Männern, (obgleich Frauen aus zahlreichen, naheliegenden Gründen keineswegs von ihr verschont bleiben); die grössere Häufigkeit der Hysterie bei Weibern; das überwiegende Vorkommen bei manchen Rassen und Völkern, so z. B. bei den romanischen Völkern, und ganz besonders bei den Semiten, welch' letztere wohl von Haus aus schon eine neurotisch veranlagte Rasse sind, bei welcher durch ihren unzähmbaren Erwerbstrieb und die ihr durch Jahrhunderte auferlegte Lebensweise ebenso wie durch Inzucht und Familienheirathen die Nervosität zu einem ganz erstaunlichen Grade entwickelt und verbreitet ist; ferner bei den modernen Amerikanern mit ihrem rastlosen und aufreibenden Erwerbsleben, das ohne alle Ruhepausen nur der Jagd nach Gewinn und Genuss gewidmet ist (— hat man doch die Neurasthenie geradezu als „american nervousness" bezeichnet! —); ferner die grosse Verbreitung der Neurasthenie und Hysterie in den vornehmen Kreisen der verschiedensten Nationen, welche durch Genusssucht und Leidenschaften, Sittenlosigkeit und unvernünftige Lebensweise ihre Nerven ruiniren u. A. m.

Die ursprünglich gestellte Frage lautet nun dahin, ob die Ihnen vorgeführten Ursachen der Nervosität in unserem modernen Dasein in so gesteigertem Masse gegeben sind, dass sie eine erhebliche Zunahme derselben erklärlich machen? — und diese Frage darf wohl unbedenklich bejaht werden, wie ein flüchtiger Blick auf unser modernes Leben und seine Gestaltung zeigen wird.

Schon aus einer Reihe allgemeiner Thatsachen geht dies deulich hervor: die ausserordentlichen Errungenschaften der Neuzeit, die Entdeckungen und Erfindungen auf allen Gebieten, die Erhaltung des Fortschritts gegenüber der wachsenden Concurrenz sind nur erworben worden durch grosse geistige Arbeit und können nur mit solcher erhalten werden; die Ansprüche an die Leistungsfähigkeit des Einzelnen im Kampf um's Dasein sind erheblich gestiegen und nur mit Aufbietung aller seiner geistigen Kräfte kann er sie befriedigen; zugleich sind die Bedürfnisse des Einzelnen, die Ansprüche an Lebensgenuss in allen Kreisen gewachsen, ein unerhörter Luxus hat sich auf Bevölkerungsschichten ausgebreitet, die früher davon ganz unberührt waren: die Religionslosigkeit, die Unzufriedenheit und Begehrlichkeit haben in weiten Volkskreisen zugenommen; durch den ins Ungemessene gesteigerten Verkehr, durch die weltumspannenden Drahtnetze des Telegraphen und Telephons haben sich die Verhältnisse in Handel und Wandel total verändert: alles geht in Hast und Aufregung vor sich, die Nacht wird zum Reisen, der Tag für die Geschäfte benützt, selbst die „Erholungsreisen" werden zu Strapazen für das Nervensystem; grosse politische, industrielle finanzielle Krisen tragen ihre Aufregung in viel weitere Bevölkerungskreise als früher; ganz allgemein ist die Antheilnahme am öffentlichen Leben geworden: politische, religiöse, sociale Kämpfe, das Parteitreiben, die Wahlagitationen, das ins Masslose gesteigerte Vereinswesen erhitzen die Köpfe und zwingen die Geister zu immer neuen Anstrengungen und rauben die Zeit für Erholung, Schlaf und Ruhe; das Leben in den grossen Städten ist immer raffinirter und unruhiger geworden, die erschlafften Nerven suchen ihre Erholung in gesteigerten Reizen, in stark gewürzten Genüssen, um dadurch noch mehr zu ermüden; die moderne Literatur beschäftigt sich vorwiegend mit den bedenklichsten Problemen, die alle Leidenschaften aufwühlen, die Sinnlichkeit und Genusssucht, die Verachtung aller ethischen Grundsätze und aller Ideale fördern; sie bringt pathologische Gestalten, psychopathisch-sexuelle, revolutionäre und andere Probleme vor den Geist des Lesers; unser Ohr wird von einer in grossen Dosen verabreichten aufdringlichen und lärmenden Musik erregt und überreizt, die Theater nehmen alle Sinne mit ihren aufregenden Darstellungen gefangen: auch die bildenden Künste wenden sich mit Vorliebe dem Abstossenden, Hässlichen und Aufregenden zu und scheuen sich nicht, auch das Grässlichste, was die Wirklichkeit bietet, in abstossender Realität vor unser Auge zu stellen.

So zeigt dies allgemeine Bild schon eine Reihe von Gefahren in unserer modernen Culturentwicklung: es mag im Einzelnen noch durch einige Züge vervollständigt werden!

Hier drängt sich dem Blick zuerst die Schädlichkeit auf, welche der heranwachsenden Jugend von Seiten der Schule durch übermässige geistige Anstrengung droht. Ich streife damit die vielumstrittene Ueberbürdungsfrage und kann einige Bemerkungen über dieselbe nicht umgehen, so fern es mir auch liegt, sie hier eingehend zu behandeln.

An und für sich schon ist der Zudrang zu den Stätten höherer Schulbildung erheblich gestiegen: abgesehen von dem allgemeinen Schulzwang ist es besonders die durch den Besuch höherer Schulen zu erlangende Berechtigung zum Einjährig-freiwilligen Dienst und dann der Wunsch vieler, den verschiedensten Bildungsstufen angehöriger Väter, ihren Söhnen jedenfalls eine gleiche, womöglich eine noch höhere Bildung als ihre eigene zu gewähren, welche den Mittelschulen eine Menge von z. Th. nicht ausreichend begabten Schülern zuführen; die Ansprüche an Wissen und Können der Menschen sind in unsern Tagen erheblich gewachsen, folglich muss auch in der Jugend mehr gelernt, es muss auf die Ausbildung grössere Anstrengung verwendet werden; und so kann es kaum zweifelhaft sein, dass auch der von der Jugend zu bewältigende Lernstoff eine erhebliche Zunahme erfahren hat. Ganz abgesehen von den riesigen Fortschritten der Naturwissenschaften, deren Resultate doch der Schule nicht vorenthalten werden konnten, und abgesehen von den gesteigerten Anforderungen in den modernen Sprachen, in Mathematik und Geschichte, scheinen mir auch die Ansprüche in den alten sprachlichen Lernstoffen nicht unerheblich gewachsen zu sein: bei den grossen Fortschritten, welche auch die Sprachwissenschaften in unserer Zeit gemacht haben, ist dies nicht gerade unnatürlich; und es ist den Philologen, wie mir scheint, nicht immer gelungen, die Specialfortschritte ihrer Wissenschaft, und selbst ihre oft wenig erheblichen Streitigkeiten z. B. über die griechische und lateinische Aussprache u. dgl. in genügender Weise von der Schule fern zu halten; vielfach kommt neben dem Interesse des Lehrers für sein Specialfach das Wohl des Schülers nicht genügend zu seinem Recht. — Und als wenn es damit noch nicht genug wäre, so hört man sogar noch Stimmen, welche kategorisch eine weitere Vermehrung des Lernstoffes der Gymnasien fordern, dem Schüler noch allerlei Vorkenntnisse für seinen späteren Beruf, dem künftigen Staatsbürger und Wähler auch noch die Grundzüge unseres Staatslebens und unserer Volkswirtschaft mitgeben wollen!

Und wenn Sie bedenken wollen, dass auch für die Mädchen eine ganz neue Kategorie von höheren Schulen aufgetaucht ist, von welchen unsere Grossmütter gar keine Ahnung hatten, so werden Sie zugeben, dass auch dem weiblichen Geschlecht in dieser Beziehung eine Ueberbürdung droht.

Aber es ist nicht die Masse des Lernstoffs allein, welche üble Folgen hat: da wirken viel complicirtere Verhältnisse mit: man spricht wohl immer von einer Ueberbürdung der Schüler, aber selten davon, dass auch die Schule selbst überbürdet sein, dass sie zu viel Schüler haben kann, die dann in überfüllten, schlecht ventilirten und beleuchteten Räumen sitzend ihre Gesundheit schädigen müssen; und dass es auch eine Ueberbürdung der Lehrer gibt und dass die dadurch ermüdeten und nervös gewordenen Lehrer nicht gerade günstig auf die Schüler wirken werden.

Und wenn auch der Schulplan vielleicht ein ganz durchdachter und vernünftiger ist, so fehlt es doch nicht selten an der richtigen Ausführung desselben und es kann nicht geläugnet werden, dass die vorwiegend philologische und ungenügende pädagogische Ausbildung vieler Lehrer dem Gehirn der Schüler zuviel zumuthet und ihm schwere Hindernisse bereitet.

Dazu kommt, dass die meisten Schulen die körperliche Ausbildung der Schüler, die richtige Abwechselung zwischen Anstrengung und Erholung, zwischen geistiger und körperlicher Arbeit allzusehr vernachlässigen: oder ist es nicht unverantwortlich wenn die heranwachsenden, mit jugendlichem Bewegungsdrang ausgestatteten, Knaben und Mädchen fünf Stunden hintereinander geistig angestrengt werden, oder wenn auf 30—35 Schulstunden in der Woche nur zwei Turnstunden kommen? und wenn überdies durch die Fülle der häuslichen Arbeiten den Schülern die Möglichkeit ausgiebiger Erholung durch Bewegung und Spiele im Freien noch erheblich beschnitten wird?

So ist das, was man „Ueberbürdung" — oder richtiger: „ungünstige Einwirkung der Schule auf das Nervensystem" nennen kann, meines Erachtens eine sehr complicirte Sache und setzt sich zusammen aus einer ganzen Reihe von psychischen und somatischen Schädlichkeiten, die an den einzelnen Schulen und an verschiedenen Orten sehr wechselnde sein können.

Jedenfalls aber scheint es unzweifelhaft, dass es den, wenn auch noch so anerkennenswerthen Bemühungen der Schulmänner und Behörden bisher nicht gelungen ist, die in unseren Tagen hervorgetretenen Schädlichkeiten der Schule in dem wünschenswerthen Masse zu verhüten, und die heutigen Anforderungen an die Ausbildung der Jugend mit den ebenso wichtigen Rücksichten für ihr körperliches Gedeihen in Einklang zu bringen. Es kann ja wohl zugestanden werden, dass Führung und Gebahrung an vielen Gymnasien, die sich den Forderungen der Hygiene nicht verschlossen haben, für gesunde und normal begabte Schüler keinerlei Gefahren und keine Ueberbürdung bedingen, aber man muss eben bedenken, dass die Schüler nicht alle vollkommen gesund und nicht alle sehr begabt sind und dass die Anforderungen der Schule nur einem Mittelmass von Begabung und körperlichen Kräften angepasst werden dürfen.

Auch in Bezug auf die wesentlich dem Elternhause zufallende Erziehung der Jugend und ihre grossen Mängel in unseren Tagen, über die mangelnde Consequenz und Strenge der Eltern, über die allzufrühe Antheilnahme der Kinder am Leben der Erwachsenen, ihre Betheiligung an allen möglichen

Vergnügungen und Genüssen, die darin liegende directe Cultivirung der Nervosität, wäre manches zu sagen, was sich bei einigem Nachdenken leicht von selbst ergibt.

Nicht minder ist auf den Hochschulen die Fülle des Wissens und des zu bewältigenden Bildungsstoffes immens gestiegen; zahlreiche Forschungsgebiete sind neu erschlossen, durch eine weitgehende Specialisirung und immer grössere Ausbreitung der Wissenszweige hat sich der Inhalt der einzelnen Disciplinen ins Ungeheure vermehrt; ein vergleichender Blick auf die Zahl der Lehrkräfte und das Budget der Universität zur Zeit Karl Friedrichs — alles in allem 40000 Gulden — und auf den jetzigen Lehrkörper und unseren zehnfach höheren Aufwand sagt dies deutlicher als eine weitläufige Schilderung.

Besonders aber für das spätere Berufsleben hat unsere Zeit eine Reihe von Missständen entwickelt, welche die Nervosität fördern müsssen: die gesteigerte Concurrenz auf allen Gebieten erfordert eine erhöhte Energie und geistige Anspannung; die Beamten des Staats, in Verwaltung und Justiz wie im Verkehrswesen sind vielfach mit Arbeit und Verantwortung überlastet; in der Officierslaufbahn müssen geistig und körperlich hervorragende Leistungen gemacht werden, um allen Ansprüchen zu genügen und den gefürchteten „Ecken" zu entgehen; in Gelehrtenkreisen ist durch die wachsende Concurrenz und durch das ungeheure Anschwellen der Literatur auf allen Gebieten die Nöthigung zu geistiger Ueberanstrengung gegeben; für Lehrer und Lehrerinnen sind die gesteigerten Anforderungen an ihr Wissen und Können, die überfüllten Classen, die schlechte pecuniäre Situation verderblich; für die Journalisten ist durch die ungeheure Hast und Unruhe ihrer Arbeit, durch die Nöthigung zu nächtlicher Thätigkeit etc. eine reiche Quelle der Nervosität gegeben; in den Kreisen der Künstler und Virtuosen sind rastloses Studium, anstrengende Reisen, die Aufregungen des öffentlichen Auftretens die Ursachen ihrer Neurasthenie; besonders aber in den Kreisen der Handelswelt, der Börsianer und Speculanten ist durch die rapid gesteigerten Verkehrsverhältnisse, durch die Jagd nach Reichthum und Gewinn, durch die rasch wechselnden Conjuncturen, durch die Aufregungen des Börsenspiels, durch ermüdende Reisen und dergleichen die überaus weite Verbreitung der Neurasthenie nur allzu begreiflich; und ähnliches gilt für die Industrie; ganz neue und in besonderem Grade mit Hast, Anstrengung und Verantwortung belastete Berufsarten sind in unseren Tagen erst aufgetaucht: so die Beamten an den grossen Verkehrsanstalten, an Eisenbahnen, Post und Telegraphen, ebenso die Beamten der grossen Geldinstitute, die Journalisten und andere mehr — so dass in der ganzen Führung und Art des heutigen Berufslebens fast in jeder Richtung eine Quelle nervöser Ueberreizung und Erschöpfung gegeben ist.

Aber damit nicht genug! Fast in jedem Beruf gibt es noch eine Anzahl von Nebenbeschäftigungen, die erst recht zur Ueberbürdung beitragen: da sind besonders die politische Thätigkeit, das Parteitreiben, die Wahlagitation, die Zugehörigkeit zu den politischen Körperschaften, zur Kreis- und Stadtverwaltung mit ihren Pflichten, die Wanderpredigten und populären Vorträge, die Privatstunden und literarischen Nebenarbeiten, die Theilnahme und Mitgliedschaft an unzähligen Vereinen und Wanderversammlungen und vieles andere, was für die verschiedensten Berufsstellungen, für die Beamten, Professoren und Aerzte, für die Schulmänner und Lehrer, die Bankiers und Kaufleute, die Grossindustriellen und Künstler eine reichlich fliessende Quelle nervöser Aufreibung ist. Nach Belegen hierfür werden Sie nicht lange zu suchen haben.

Wenn wir einen vergleichenden Blick werfen auf das stillere und beschaulichere Leben unserer Voreltern, wird die schädliche Wirkung des modernen Lebens noch viel deutlicher hervortreten. Die Zeiten liegen hinter uns, wo den besseren Geistern unserer Nation Neigung und Musse blieb zu einer umfangreichen schöngeistigen Correspondenz — wir haben die Postkarten erfunden, um die Beziehungen zu unsern Freunden aufrecht zu erhalten; jene lebten vielfach in stiller Ruhe und Beschaulichkeit, fern vom politischen Getriebe und Weltgehetze, sie lasen ihr Wochenblättchen oder vielleicht ein Tageblatt, dessen Spalten mehr von Familiennachrichten und Stadtklatsch als von politischen Dingen oder aufregenden Zeit- und Streitfragen erfüllt waren — wir stehen mitten im hochgehenden politischen Leben, durchfliegen täglich mehrere grosse Zeitungen, wir erfahren täglich beim Frühstück alle politischen Ereignisse, alle Unglücksfälle, alle Schreckuisse aus der ganzen Welt; jene hielten es für ein Glück, ein Mal im Leben eine Reise in die Schweiz oder nach Italien zu machen, oder ab und zu einen bescheidenen Landaufenthalt zu geniessen — wir machen alljährlich 1 – 2 grössere Reisen und glauben nicht leben zu können, ohne mindestens 4—6 Wochen Erholung jedes Jahr zu haben und bald wird eine Reise um die Welt zu den Dingen gehören, die ein gebildeter Sohn von seinem wohlhabenden Vater als ein Nothwendiges verlangt! — Wir ermüden unser Gehirn auf der Reise mit der Besichtigung von tausenden von Bildern und Sculpturen, von ungezählten Städten und Kirchen — jene hatten davon den selteneren aber um so bleibenderen Genuss; und was sind die Eindrücke eines Theaterabends mit der „Schweizerfamilie", oder „Martha", oder „Undine", oder selbst dem „Freischütz" oder „Don Juan" gegenüber den erschütternden, Gehör und Gehirn lange Stunden hindurch erregenden Genüssen des „Nibelungenrings", oder der Berlioz'schen oder Liszt'schen „Tongemälde"? — Jene kannten unser heutiges ausgedehntes Vereinsleben, die Theilnahme an der politischen Agitation, an den Geschäften des Staats und der Selbstverwaltung so gut wie nicht — wir sind davon nahezu übersättigt: — jene waren durch den Schneckengang und die Kostspieligkeit der damaligen Verkehrsmittel zur Sesshaftigkeit genöthigt, unser heutiges Geschlecht verbringt einen grossen Theil des Jahres, so manche Tage und Nächte auf der Eisenbahn mit ihrem nervenerschütternden Getöse und Schütteln, mit all ihrer Hetzerei und Unruhe.

Kein Wunder, wenn auf diese Weise unzählige Menschen der Neurasthenie verfallen! und wenn diese durch die hereditäre Uebertragung dann eine immer weitere Ausbreitung erfährt! So ist denn die Zunahme der Nervosität in unsern Tagen nur allzubegreiflich, wenn wir sie auch nicht mit Zahlen beweisen können; sie folgert mit Nothwendigkeit aus den in unserer Culturentwicklung liegenden Verhältnissen, und dass das Ende des

19. Jahrhunderts nicht ohne Grund die Signatur der „Nervosität" trägt, liegt auf der Hand.

Es eröffnet sich damit in der That ein beunruhigender Ausblick in die Zukunft: wird das so weiter gehen? Treiben wir einer immer grösseren und weiter verbreiteten Nervosität entgegen und wird sie uns und alle heutigen Culturvölker zum endlichen Verfall führen? Gibt es noch unberührte Völkerfamilien, welche mit frischem Gehirn und leistungsfähigem Nervensystem dereinst unsere Stelle einnehmen werden?

Das sind grosse und wichtige Fragen für die Existenz der Nationen; denn dieselbe hängt zweifellos in erster Linie von einem gesunden, starken und leistungsfähigen Nervensystem der einzelnen Volksgenossen ab.

Nun, meine verehrten Anwesenden, so schlimm sieht es wohl noch nicht aus und wir dürfen hoffen, dass dem heranwachsenden Uebel noch gesteuert werden kann, dass die Natur, wie so vielfach, hier corrigirend eingreifen wird, wenn es auch an einsichtigem Vorgehen der Menschen dabei nicht fehlen darf.

Vor allem scheint es tröstlich, dass überall in weiten Volkskreisen noch gesundes Blut und unberührte Nervenkraft vorhanden sind, von welchen eine Regeneration und Erfrischung des erschöpften Nervensystems der Hirnarbeiter und der eigentlich culturtragenden Volksschichten ausgehen kann; aus diesen Schichten werden neue Geistesarbeiter heraufsteigen und durch bessere Schulung und Methodik der Arbeit den grossen Aufgaben besser gewachsen sein als jene; ich denke dabei weniger an die, vielfach schon durch ihre ungünstige sociale Lage, durch die Art ihrer Arbeit, durch politische Verhetzung nervös durchseuchten und zerrütteten Arbeiterkreise der Fabriken und grossen Industriecentren, sondern an das Landvolk, an den soliden Mittelstand, in welchem noch ein Fond von unberührter Nervenkraft ruht, und aus welchem ein Ersatz für die Schaaren der durch Hirnarbeit kampfunfähig Gemachten erstehen wird.

Sodann dürfen wir auf den wichtigen Umstand rechnen, dass das Nervensystem in umfassender Weise der Gewöhnung und Anpassung, sowohl an gesteigerte Leistungen, wie an Schädlichkeiten fähig ist, wie dies v. Ziemssen kürzlich in anziehender Weise entwickelt hat. Wenn Sie erwägen, bis zu welchem Masse durch systematische Uebung sowohl die körperlichen, wie die geistigen Thätigkeiten ausgebildet werden können, wenn Sie das in der Darwin'schen Lehre entwickelte Gesetz der Anpassung berücksichtigen, so ergibt sich daraus immerhin die Möglichkeit, dass durch eine verfeinerte Methodik in der geistigen Ausbildung, durch sorgfältige Berücksichtigung aller physiologischen Verhältnisse die Leistungsfähigkeit des Gehirns der Culturmenschen erheblich gesteigert werden kann, so dass es auch sehr erhöhten Ansprüchen gewachsen ist. Und ebenso, wie unsere Sinne sich an alle möglichen Eindrücke so gewöhnen, dass ihnen dieselben fast unbemerkbar werden, so wird auch das Gehirn allmählich lernen können, sich an alle die Schädlichkeiten des Alltagslebens zu gewöhnen, die auf dasselbe einstürmen — an den Lärm, die Hast und Unruhe, die mechanischen Erschütterungen in unserm heutigen Leben und Verkehr; schwieriger freilich wird dies mit den psychischen Erschütterungen, den Aufregungen und Gemüthsbewegungen gehen, aber auch hier können Gewöhnung, Ausbildung des Charakters und der Selbstbeherrschung gewiss sehr vieles leisten; und wir haben somit alle Aussicht, dass unser Nervensystem sich bis zu einem gewissen Grade den Anforderungen, die an dasselbe von unserer heutigen Cultur gestellt werden, anpassen und durch Gewöhnung ihre schädlichen Einwirkungen paralysiren wird.

Aber das wird doch nicht genügen; es wird eine der heutigen Culturhöhe würdige Aufgabe sein, mit wohldurchdachten Massnahmen und Vorkehrungen dem Fortschreiten des Uebels der Nervosität Einhalt zu thun, um dadurch den Fortschritt der Cultur und schliesslich auch die Existenz der Culturvölker zu retten.

Es bedarf dazu einer Hygiene des Nervensystems, die noch kaum in den allerersten Anfängen vorhanden ist; die in unsern Tagen mächtig aufblühende Wissenschaft der Hygiene hat noch nicht Zeit gefunden, sich dessen ausgiebig zu erinnern, so sehr ist sie beschäftigt mit allgemeinen hygienischen Massregeln, mit der Bekämpfung der Volksseuchen, der Infectionskrankheiten und mit der Gewerbehygiene. Aber hier ist ein Gebiet, auf dem noch fast Alles zu thun und sehr viel Erspriessliches zu schaffen ist; das ist auch von v. Krafft-Ebing u. A. schon vielfach betont worden. Ich kann hier nur die Grundzüge davon andeuten, wie wir uns eine Verhütung, eine Prophylaxe der Nervosität etwa zu denken haben. Es sollen eben die Hauptquellen derselben verstopft werden. Wir haben gesehen, dass dieselben besonders dem Fortschritte unserer Cultur entspringen: aber dürfen wir desshalb etwa daran denken, unsere Cultur wieder zurückzuschrauben und zu den einfacheren Lebensformen unserer Väter zurückzukehren?

In der That, wenn wir auf all die Anregungen und Fortschritte unseres heutigen Lebens verzichten wollten, wenn wir alle so leben könnten, wie es der Pfarrer von Wörrishofen seiner gläubigen Gemeinde empfiehlt, oder nach dem Recept, das Mephisto dem nach Verjüngung lechzenden Faust verordnet:

„Begieb' dich gleich hinaus auf's Feld,
Fang an zu hacken und zu graben,
Erhalte dich und deinen Sinn
In einem ganz beschränkten Kreise,
Ernähre dich mit ungemischter Speise,
Leb mit dem Vieh als Vieh, und acht' es nicht für Raub,
Den Acker, den du erntest, selbst zu düngen" —,

wenn wir alle energische Geistesarbeit, alle Leidenschaften und alle Genusssucht aus unserm Leben verbannen könnten, dann würde sicher ein gutes Stück Nervosität aus der Welt verschwinden. Aber wer von uns mag sich entschliessen, dies Opfer zu bringen? wer wird all die geistige Bethätigung und Anregung, all die feineren Genüsse unseres heutigen Culturlebens entbehren wollen, um eine robuste Natur, einen gesunden Schlaf, einen stets freien Kopf zu gewinnen?

Ebenso wenig Aussicht bietet der Gedanke, der hereditären neuropathischen Belastung entgegenzuwirken durch eine Beschränkung der Heirathen unter Nervösen, besonders unter nervösen Blutsverwandten. Die Ehen werden zumeist aus andern als hygienischen Rücksichten geschlossen und ebensowenig, wie das Verlangen der Aerzte nach Beschränkung oder Verbot der Heirath unter tuberculös Belasteten einen Erfolg gehabt, wird es auch von den Nervösen beachtet werden.

Es sind im Wesentlichen ganz andere Dinge, bei welchen die Hygiene des Nervensystems einzusetzen haben wird und hier ist vor allem das Augenmerk auf das heranwachsende Geschlecht, auf die körperliche und geistige Pflege der Kinder in den ersten Lebensjahren und demnächst besonders auf die Ausbildung der heranwachsenden Jugend in den Schulen zu richten.

Die erstere liegt in den Händen der Familie, besonders der Mütter, und hier kann durch ein verständiges Verfahren, durch ein unter Anleitung des Arztes streng durchzuführendes Regime in Bezug auf Ernährung, Bewegung. Schlaf, Luftgenuss, Fernhalten von schädlichen Reizen, von verfrühter geistiger Anstrengung etc. sehr viel genützt werden; hier hat die Belehrung der gebildeten Volkskreise, die Unterweisung der Mütter, hier hat das Eingreifen des Hausarztes, besonders in neuropathisch belasteten Familien ein weites und dankbares Feld der Wirksamkeit; auf Einzelheiten darf ich hier verzichten*).

Die andere liegt in den Händen der Pädagogen und Aerzte, aber auch aller Gebildeten überhaupt: die Schulhygiene im weitesten Sinne des Wortes ist es, welche gerade nach dieser Richtung hin auszubilden ist; aber die in der „Ueberbürdungsfrage" hervorgetretenen Besserungsbestrebungen begegnen noch immer schweren Hindernissen in der Macht der Tradition und in dem überwiegenden Einfluss der reinen Philologen auf die Schule; und doch ist kein Zweifel, dass hier einer der wichtigsten Angriffspunkte für die Hygiene des Nervensystems liegt.

---

*) Ein in diesem Sinne wirkender „Verein für gesundheitsgemässe Erziehung der Jugend" ist gerade jetzt in Berlin in der Bildung begriffen.

Neben dem in den Worten: mens sana in corpore sano ausgedrückten uralten Gedanken, dass ein gesunder Körper für die Ausbildung des Geistes eine unerlässliche Vorbedingung sei und neben der Forderung einer methodisch-geordneten, stufenweise fortschreitenden geistigen Ausbildung ist für die Hygiene des Nervensystems der wichtigste Grundsatz unzweifelhaft der von der richtigen Abwechselung zwischen Arbeit und Erholung. Das angestrengte und ermüdete Nervensystem, das arbeitende Gehirn bedarf in bestimmten Zwischenräumen der Ruhe und Erholung. durch Ausruhen, Schlaf, körperliche Bewegung im Freien; und zwar das wachsende jugendliche Gehirn in noch weit höherem Grade als das fertig ausgebildete.

Nach diesen Grundsätzen soll die Schulhygiene geordnet werden und neben den Forderungen der geistigen Schulung und Ausbildung muss den Ansprüchen der körperlichen Ausbildung und des Schutzes des Nervensystems vor Schädlichkeiten ihr volles Recht gewahrt bleiben.

Der Lernstoff muss auf das unbedingt nöthige Mass beschränkt werden, wenn auch von Seiten der Schulmänner manch schmerzliches Opfer an ihren Lieblingsneigungen gebracht werden muss. Es ist hier nicht meine Aufgabe, die technische Frage zu erörtern ob eine oder zwei oder drei Sprachen zur Ausbildung des Geistes nothwendig sind, ob dies nur die alten todten oder auch neue lebende Sprachen sein können; ob Mathematik und Physik nicht etwa an ihre Stelle treten können, ob die Beschäftigung mit Naturwissenschaften, Literatur, Geschichte, Geographie, der Volks- und Staatswirthschaft etc. in erweitertem Masse nothwendig ist. Es wird die Aufgabe reiflicher Ueberlegung sachkundiger Männer aus allen gebildeten Kreisen, (nicht bloss aus den Kreisen der Philologen und Pädagogen), unter Heranziehung der Aerzte sein, das Mass und die Qualität des zu Lernenden festzustellen. Aber es muss unbedingt verlangt werden, dass in der Zahl und Aufeinanderfolge der Lehrstunden, in der qualitativen und quantitativen Steigerung des Lernstoffs, in der Methodik des Unterrichts alles vermieden werde, was zu einer Ueberanstrengung des Nervensystems, zur Ermüdung und Erschöpfung desselben führen kann. Dank der energischen Initiative unseres Kaisers sind ja die ersten Schritte in dieser Richtung geschehen und wir können denselben nur den besten Erfolg und erfreulichen Fortgang wünschen.

Und das nothwendige Correlat dieser Forderung, zugleich das beste Corrigens für alle Schädigungen, welche aus der geistigen Ueberanstrengung des Nervensystems hervorgehen könnten, ist die gewissenhafteste Pflege der körperlichen Ausbildung: sei es durch Unterbrechung der Unterrichtsstunden durch längere Pausen und Bewegung im Freien, und durch eine Vermehrung der absolut unzureichenden Turnstunden, sei es durch Anregung und Anleitung der Jugend zum Bergsteigen, Rudern, Schwimmen, Schlittschuhlaufen, Radfahren, Turnspielen aller Art — woran natürlich auch die Erziehung im Elternhause einen erheblichen Antheil nehmen muss; sei es endlich durch Reduction der häuslichen Arbeiten, damit Zeit zur körperlichen Ausbildung bleibt.

Dass auch die Erziehung im Allgemeinen, die Pädagogik in der Schule und im Hause eine Richtung nehmen soll, welche der Hygiene des Nervensystems angepasst ist, dass dabei die Anregung des Willens, Uebung in der Selbstbeherrschung, Bekämpfung der sinnlichen Regungen und der schon in der Jugend mehr und mehr überhandnehmenden Genusssucht, Fernhalten derselben von der verfrühten Antheilnahme an den Vergnügungen Erwachsener und von den Verführungen der grossen Städte ins Auge zu fassen sind, versteht sich von selbst.

Ebenso, dass dieselben Grundlinien auch bei der Erziehung der Mädchen in den höheren Schulen eingehalten werden müssen und dass ihre Ausbildung besonders auf ihren wichtigsten und schönsten Beruf: Hausfrauen, Mütter und Erzieherinnen ihrer Kinder zu sein, gerichtet werde; bei dem hervorragenden Einfluss der Frauen und Mütter auf das geistige und körperliche Wohl der Generationen sollte der Ausbildung der Mädchen in dieser Richtung weit mehr Sorgfalt gewidmet werden, als dies zur

Zeit geschieht; besonders sollte ihre Belehrung und Unterweisung in Allem, was Kinderpflege und Erziehung betrifft, nicht unterlassen werden.

Für die Hygiene des Berufslebens der Erwachsenen gelten ähnliche Grundsätze, auch hier gilt es vor allem Vermeiden der Ueberarbeitung, Einschaltung der nöthigen Pausen für Ruhe und Erholung und zwar in streng methodischer Weise, nicht blos an jedem einzelnen Tage, sondern auch in einem freien Wochentag, oder alljährlich in ein paar Ferienwochen, die in freier Natur, in Beschäftigung mit, dem Berufe fernliegenden Dingen, mit den beruhigenden Eindrücken, welche Kunst- und Musikgenuss in ihren einfacheren Formen gewähren, verbracht werden sollen. Dadurch werden Geist und Körper frisch erhalten und die Spannkräfte für erneute Arbeit wieder vermehrt.

Dazu kommt die Beschränkung im Gebrauche der Genussmittel, besonders des Alkohol und Tabak, Fernbleiben von rauschenden Vergnügungen, nervenerschütternden Schauspielen, aufreibenden Nebenbeschäftigungen u. s. w. Dadurch kann der Einzelne für die Erhaltung der Leistungsfähigkeit seines Nervensystems sehr viel thun. Dass dies auch in weiteren Kreisen schon empfunden wird und zu einer Art von natürlicher Reaction gegen die nervenzerrüttende Hast unseres modernen Daseins geführt hat, beweist die täglich sich weiter ausbreitende Neigung zu gesunder Bewegung im Freien, zum Turnen, Radfahren, Schlittschuhlaufen, Turnspielen, und ganz besonders zum Aufenthalt in unsern herrlichen Waldgebirgen und in den Alpen, zum Bergsteigen. Uebertreibungen und Ausschreitungen sind dabei natürlich zu vermeiden. — Auch in dem Militärdienst liegt für sehr viele junge Leute ein treffliches Erholungsmittel für das Nervensystem.

Aber auch die Allgemeinheit kann für die Hygiene des Nervensystems noch viel mehr thun; ein erfreulicher Anfang hiezu liegt in dem sich ausbreitenden Kampfe gegen die Trunksucht; ebenso in der zwangsweisen Einführung der Sonntagsruhe, in der gesetzlichen Festsetzung der Arbeitszeit, besonders für jugendliche Individuen. — Aber, wenn man auch die Beschaffenheit der Arbeitsräume für Hand- und Fabrikarbeiter gesetzlich geregelt hat, so hat man bisher den Arbeitsräumen der Kopfarbeiter die gleiche Aufmerksamkeit nicht geschenkt: und wie viele derselben schmachten in engen, schlecht gelüfteten Bureaus und Komtoren, in unerträglicher Hitze, geblendet und erhitzt vom Gaslicht! Und wie entsetzlich, ohrbetäubend und hirnerregend ist der Lärm in vielen Strassen und Städten, wie erschwerend wirkt er auf die Kopfarbeit! Auch hier könnte durch Verminderung desselben durch besseres Pflaster und besseres Fuhrwerk, durch Einschränkung der ohrzerreissenden Signale der Verkehrsanstalten, durch grössere Sorge für nächtliche Ruhe Seitens des Staats wie der Gemeinden viel gebessert werden!

Auch die Beschaffung von grossen, baumbepflanzten Plätzen in den grossen Städten, die den Erwachsenen zum Luftschöpfen, der Jugend zu Spiel und Sport dienen, die Bereitstellung von öffentlichen Turnplätzen, Schwimmanstalten, Eisbahnen, die Beschaflung von stillen, mit Grün umgebenen Wohnungen in den Aussentheilen, die Sorge für leicht erreichbare Wälder und Erholungsorte in der Nähe der grösseren Städte, die Förderung der Feriencolonien, die Unterstützung Unbemittelter behufs der Erreichung einer Sommerfrische — alles dies würde für die Hirnarbeiter eine Wohlthat sein und manches Kapital an Nervenkraft schützen und erhalten.

Ein Uebel und seine Ursachen erkennen, heisst auch die Wege zu seiner Heilung und Verhütung klar sehen. In dieser Lage sind wir der modernen Nervosität gegenüber; und so mag immer und immer wieder der Appell an jeden Einzelnen, wie an die Gesammtheit und ihre Organe ergehen behufs ihrer energischen und zielbewussten Mitwirkung bei der Bekämpfung dieser Geissel unserer Tage!

Nur so dürfen wir hoffen, dass es der unverwüstlichen Energie und Anpassungsfähigkeit der Natur gelingen werde, die grosse Gefahr, welche unserm ganzen geistigen Fortschritte, welche ebenso der führenden Stellung unserer Nation und den Culturvölkern Europas überhaupt in der gewaltigen Zunahme der Nervosität droht, zu mindern und in unsern Nachkommen ein frisches, thatenfrohes und weniger nervöses Geschlecht heranblühen zu lassen.

Möge uns diese Hoffnung nicht täuschen! Wenn auch die Geschichte lehrt, dass die Menschheit in ihrem ganzen Gebahren sich wohl niemals von Rücksichten auf die Gesundheit — und sei es auch, wie hier, der werthvollste Theil derselben, — hat leiten lassen, so vertrauen wir doch, dass auch auf die Lösung dieser wichtigen Aufgabe die gewaltigen Fortschritte unserer Cultur und unseres Wissens von segensreichem Einflusse sein werden.

Chronik der Universität.

Es ist nun zunächst meine Aufgabe, von dem Stande unserer Hochschule und von den dieselbe betreffenden Ereignissen des heute ablaufenden Jahres kurzen Bericht zu geben.

Im vergangenen Sommer-Semester betrug die Zahl der immatrikulirten Studirenden 1143 und mit Einschluss der Hörer reiferen Alters 1290. Abgangszeugnisse sind bis heute genommen 521; neu immatrikulirt wurden 338 Studirende, so dass sich eine Frequenz von 960 Studierenden und einschliesslich der zum Hören von Vorlesungen berechtigten Personen reiferen Alters eine Gesammtfrequenz von 1121 ergibt — womit die Gesammtfrequenz des vorjährigen Winter-Semesters (1094) um etwas überschritten ist, während die Zahl der immatrikulirten Studirenden um ein weniges zurückbleibt.

In dem Bestande des akademischen Lehrkörpers ist eine Reihe von Veränderungen eingetreten.

Aus dem Verbande der Universität sind ausgeschieden:

der Privatdozent der philosophischen Fakultät Dr. August Thorbecke, welcher um seine Entlassung aus der Zahl der Dozenten nachgesucht hat;

der Privatdozent Dr. Bülbring, welcher einen Ruf an die Universität Groningen erhalten und angenommen hat;

der ausserordentliche Professor und Hauptlehrer am theologischen Seminar Dr. Mehlhorn, welcher zum Pfarrer der reformirten Gemeinde in Leipzig erwählt worden ist;

der ausserordentliche Professor Dr. Moebius in Folge seiner Ernennung zum Bibliothekar und Direktor des botanischen Gartens am Senckenbergischen Institut in Frankfurt a. M.;

der ordentliche Professor in der theologischen Fakultät Dr. Wendt, welcher einen Ruf an die Universität in Jena erhalten und angenommen hat;

der ausserordentliche Professor Dr. von Oechelhäuser, welcher einem Rufe als ordentlicher Professor für Kunstgeschichte an der technischen Hochschule in Karlsruhe gefolgt ist;

der Privatdozent Dr. Heimburger, welcher einen Ruf als ordentlicher Professor an der juristischen Fakultät der Universität zu Giessen erhalten und angenommen hat.

Der ordentliche Professor Dr. Brünnow hat das Ansuchen gestellt, seiner Stellung als Ordinarius für orientalische Sprachen enthoben zu werden.

Universitäts-Stallmeister Ludwig Koch sah sich in Folge anhaltender Kränklichkeit genöthigt, seine Versetzung in den Ruhestand zu beantragen, welche ihm auf 1. Oktober ds. Js. unter Anerkennung seiner langjährigen Dienste gewährt worden ist.

Habilirt haben sich: in der medizinischen Fakultät: Dr. Eduard Cramer (für Hygiene), Dr. Julius Schottländer (für Gynäkologie), Dr. Karl Kaiser (für Physiologie), Dr. Max Jordan (für Chirurgie), Dr. Eugen von Hippel (für Augenheilkunde); in der philosophischen Fakultät: Dr. Albert Waag (für germanische Philologie); in der naturwissenschaftlich-mathematischen Fakultät: Dr. Wladimir Schewiakoff, Dr. Raphael von Erlanger, Dr. Paul Samassa (sämmtliche drei für Zoologie) und Dr. Georg Landsberg (für Mathematik).

Der Privatdozent für Astronomie Dr. Max Wolf erhielt, unter gleichzeitiger Ernennung zum ausserordentlichen Professor, einen Lehrauftrag für Astronomie, mathematische und physikalische Geographie.

Dem Privatdozenten Dr. Schick in Bonn wurde unter Ernennung desselben zum ausserordentlichen Professor ein Lehrauftrag für englische Sprache ertheilt.

Ebenso erhielt Dozent Dr. Henry Thode einen Lehrauftrag für neuere Kunstgeschichte und den Charakter eines ausserordentlichen Professors.

Dem Privatdozenten Dr. Grützmacher wurde die Stelle eines Repetenten bei der theologischen Fakultät auf die Dauer von drei Jahren übertragen.

Die Stelle eines Hauptlehrers am theologischen Seminar erhielt Stadtpfarrer Adolf Schmitthenner.

Der Oberbibliothekar, Hofrath Dr. Zangemeister, wurde zum Vorstand des Universitätsarchivs ernannt.

Reitschulbesitzer Albert Gau von Karlsruhe erhielt die erledigte Stelle des Universitäts-Reitlehrers.

Von den in der Universitätsverwaltung beschäftigten Beamten haben wir den Verwaltungsgehilfen Adolf Schlehlein am 4. April durch den Tod verloren.

Oberbuchhalter Holl bei Grossh. Universitätskasse wurde zum Universitäts-Sekretär ernannt. An die Stelle des Universitätskasse-Buchhalters wurde Oberbuchhalter Wenz bei der akademischen Krankenhausverwaltung versetzt. Die Stelle des seitherigen Universitätsaktuars Hehn wurde dem Aktuar Linninger bei dem Landgericht Mannheim übertragen.

Auszeichnungen durch Verleihung von Titeln wurden zu Theil: dem derzeitigen Prorektor, welcher zum Geheimerath II. Klasse ernannt wurde; den Privatdozenten Dr. Maurer, Dr. Ernst und Dr. Wunderlich, welchen der Charakter von ausserordentlichen Professoren verliehen worden ist.

Von Ordensverleihungen und anderen ehrenden Auszeichnungen sind zu erwähnen:

Es erhielten das Ritterkreuz I. Klasse des Zähringer Löwenordens die Honorarprofessoren Dr. Ihne und Dr. Horstmann.

Von Seiner Hoheit dem Herzog von Sachsen-Altenburg wurde dem wirklichen Geheimrath Dr. Kuno Fischer das Grosskreuz, dem derzeitgen Prorektor, dem Geheime Hofrath Dr. Merx, dem Geheimerath Dr. Knies, dem Geheimerath Dr. Heinze und dem Geheime Hofrath Dr. Georg Meyer das Komthurkreuz II. Klasse, endlich dem Hofrath Dr. Knauff und dem ausserordentlichen Professor Dr. Leser das Ritterkreuz I. Klasse des Herzoglich Sachsen-Ernestinischen Hausordens verliehen.

Geheimerath Dr. Heinze erhielt den Russischen Orden des hl. Stanislaus mit dem Stern.

Honorarprofessor Dr. Ihne, bei welchem Seine Königliche Hoheit der Prinz Georg von Grossbritannien, Herzog von York, längere Zeit zu Studienzwecken sich aufgehalten hat, erhielt von Seiner Majestät dem Deutschen Kaiser, König von Preussen den Königlich Preussischen Kronenorden III. Klasse.

Der ausserordentliche Professor Dr. von Kirchenheim wurde von Seiner Majestät dem Deutschen Kaiser, König von Preussen zum Ehrenritter des Johanniter-Ordens ernannt und erhielt ferner den Russischen Orden des hl. Stanislaus II. Klasse.

Oberbuchhalter Wenz bei der Krankenhausverwaltung, jetzt bei der Grossh. Universitätskasse, erhielt das Verdienstkreuz vom Zähringer Löwen.

Geheimerath Dr. Victor Meyer wurde von dem Philadelphia College of Pharmacy zum Ehrenmitgliede erwählt.

Dem Geheimen Hofrath Dr. Schröder wurde von der philosophischen Fakultät der Universität Göttingen die Würde eines Doctor honoris causa verliehen.

Geheime Hofrath Dr. Merx wurde zum Doctor of literature der Universität Dublin ernannt.

Geheimerath Dr. Erb wurde von der Gesellschaft für Natur- und Heilkunde in Dresden, anlässlich der Feier von deren 75jährigem Bestehen, zum Ehrenmitglied, von dem ärztlichen Verein in München zum correspondirenden Mitglied ernannt.

Honorarprofessor Dr. Cantor wurde zum correspondirenden Mitglied der Königlich Böhmischen Gesellschaft der Wissenschaften in Prag und zum Ehrenmitglied der Königlichen Academie der Wissenschaften in Padua ernannt.

Dem ausserordentlichen Professor Dr. Wolf wurde von der Pariser Academie der Wissenschaften der erste astronomische Preis und von der photographischen Gesellschaft in Wien die Gesellschaftsmedaille verliehen.

Für die grosse colombische Weltausstellung in Chicago wurde im Auftrage der Grossh. Staatsregierung eine umfassende Darstellung aller Verhältnisse unserer Hochschule, ihrer Lehrkräfte, aller ihrer Institute mit ihren zahlreichen Lehrmitteln etc. geliefert.

Professor Dr. Wolf wurde als Vertreter der Badischen höheren Unterrichtsanstalten zu den in Verbindung mit dieser Weltausstellung stattfindenden internationalen Congressen für Wissenschaft und Philosophie (Abtheilung für Astronomie und Mathematik) entsendet.

Professor Dr. Osthoff erhielt eine Aufforderung zur Theilnahme an dem linguistischen internationalen Congresse in Chicago.

Mit Beginn des Winter-Semesters ist der Erweiterungsbau der Augenklinik fertig gestellt, und sind die neuen Räume auch schon in Gebrauch genommen worden. Durch den Anbau hat die Augenklinik eine sehr erwünschte und erfreuliche Erweiterung ihrer Arbeitsräume erfahren, die ebensowohl dem Unterricht und der wissenschaftlichen Forschung, als der Behandlung der Kranken zu gute kommen wird, und für welche die Anstalt der wohlwollenden Fürsorge der Grossh. Staatsregierung zum wärmsten Danke verpflichtet ist.

Ein neues zoologisches Institut, ebenso wie ein neuer chirurgischer Hör- und Operationssaal mit zahlreichen Nebenräumen sind im Bau begriffen.

Auch im verflossenen Jahre sind der Universität zahlreiche und werthvolle Geschenke zugekommen, wofür wir den Gebern unsern verbindlichsten Dank öffentlich aussprechen. Ein Verzeichniss der Behörden, Körperschaften und einzelnen Personen, welche die Universitäts-Bibliothek mit Gaben von Büchern und Schriften bereichert haben, wird nachträglich bekannt gemacht werden.

Besonderer Erwähnung bedarf das Vermächtniss des verstorbenen Raths Albert Mays von Heidelberg. Dasselbe umfasst eine auf die Geschichte der Stadt Heidelberg und der Pfalz bezügliche Sammlung von mehreren Tausend Nummern — Bücher, Handschriften und Broschüren —, wodurch die Universitäts-Bibliothek eine in hohem Grade dankenswerthe Bereicherung erfahren hat.

Ausserdem hat derselbe für den Fall, dass der von ihm in seinem Testamente eingesetzte Erbe keine ehelichen Nachkommen hinterlässt, in grossmüthiger Weise die Universität Heidelberg zur Erbin seines nicht unbeträchtlichen Vermögens eingesetzt und sich dadurch des dankbaren Andenkens der Hochschule versichert.

Dem chemischen Institute gingen folgende Schenkungen zu: Die Farbwerke, vormals Meister, Lucius & Brüning in Höchst a. M. übersandten eine umfangreiche Collection von Farbstoffen und chemischen Präparaten; die vereinigten Fabriken, Zimmer & Co., Frankfurt a. M. beschenkten das Institut durch eine prachtvolle Sammlung von Chininpräparaten; Schimmel & Co. in Leipzig sandten eine äusserst werthvolle und instruktive Sammlung ätherischer Oele; die chemische Fabrik auf Actien, vormals E. Schering, Berlin, sandte eine Collection ihrer Hauptprodukte und pharmaceutischer Präparate; C. Weil, chemische Fabrik Lindenhof bei Mannheim, übersandte ein grosses Präparat von Rohtbioxen für wissenschaftliche Untersuchungen im Institute; Herr James Locke aus Buffalo schenkte eine vollständige, äusserst kostbare Laboratoriumseinrichtung für quantitative Analyse auf elektrolytischem Wege.

Das physiologische Institut empfing von Herrn Geheimerath Robert Koch in Berlin und von den Farbwerken von Meister, Lucius & Brüning zu Höchst a. M. als Geschenke mehrere Liter Tuberkulin und andere kostbare Präparate im Werthe von mehr als 20,000 Mark.

Das archäologische Institut hat im verflossenen Jahre sehr werthvolle Geschenke erhalten und zwar: Vom Grossh. Ministerium der Justiz, des Kultus und Unterrichts, von der Direktion des englischen und amerikanischen archäologischen Instituts in Athen, von Dr. F. Hauser in Stuttgart, von Zeichenlehrer Idler, von den Professoren Dr. Luckenbach und Dr. von Oechelhäuser in Karlsruhe und von Architekt W. Schlenning in Frankfurt a. M.

Herr Professor Dr. von Oechelhäuser hatte ferner die Freundlichkeit, drei öffentliche Vorträge zum Besten des archäologischen Instituts zu halten, deren Ertrag von 500 Mark diesem zu gute gekommen ist.

Dem zoologischen Institut sind von den nachstehend verzeichneten Herren Geschenke zugekommen, und zwar:

Professor Dr. Andreae (Heidelberg), Prof. Dr. A. Agassiz (Cambridge U. S.), Prof. Dr. Blochmann (Rostock), Dr. v. Erlanger (Heidelberg), Professor Dr. Ewald (Heidelberg), Professor Dr. Grassi (Catania), Dr. v. Haller (Heidelberg), Geheimerath Pfeiffer (Weimar), Gerichtsnotar Reutti (Karlsruhe), Rösch (Mauer), Lehrer Wagner (Heidelberg) und Professor Dr. Wirén (Upsala).

Vieles wäre noch anzuführen, wenn ich alle die Arbeiten und Bewilligungen erwähnen wollte, die zur Ausgestaltung und Erweiterung der Lehrmittel und Institute unserer Hochschule im verflossenen Jahre ausgeführt und ertheilt worden sind, und aus welchen wir die stetige und wohlwollende Fürsorge der Grossh. Staatsregierung für unsere Hochschule erkennen. Mit unserem lebhaften Danke an dieselbe verbinden wir den Ausdruck unseres Vertrauens, dass dieselbe treue Fürsorge auch in Zukunft den immer neu hervortretenden und zum Theil in nächster Zeit besonders dringlich werdenden Bedürfnissen unserer Hochschule Befriedigung gewähren wird.

Preis-Vertheilung.

Es erübrigt noch der letzte Akt der heutigen Feier, die Verkündung der Urtheile der Fakultäten über die eingegangenen Preisschriften und der gestellten neuen Preisaufgaben.

Es liegen, wie ich zu meinem Bedauern constatiren muss, nur Beantwortungen der von der theologischen und juristischen Fakultät gestellten Preisfragen vor.

Für die von der medicinischen, philosophischen und naturwissenschaftlich-mathematischen Fakultät gegebenen Preisaufgaben sind keine Bearbeitungen eingegangen; das Zinserträgniss der Otto Weber-Stiftung kommt daher in diesem Jahre nicht zur Vergebung.

Die theologische Fakultät hatte das Thema aufgestellt:

„Die Stellung des Pastor Hermae in der Entwicklung des Judenchristenthums des zweiten Jahrhunderts".

Das Thema hat eine Bearbeitung gefunden mit dem Motto Prediger 8, 17: „Je mehr der Mensch arbeitet zu suchen, je weniger er findet".

Das Urtheil der Fakultät lautet:

„Die Arbeit zeugt von grossem Fleisse, auch von einem gewissen Geschick in der Erfassung der Quellen, macht aber in mancher Hinsicht einen noch unfertigen Eindruck. Der Verfasser hätte den specifischen Begriff des Judenchristenthums sorgsam bestimmen müssen, und dazu würde er gut gethan haben, die jüdische apocalyptische Litteratur, sowie die Clementinen schärfer zum Vergleich heranzuziehen, sowie die Diction des Hermas eingehender zu erörtern. Dieser Mangel seiner Arbeit bewirkt, dass die Stellung des Hermas in der Litteratur des zweiten Jahrhunderts nicht genau genug präcisirt wird, so dass auf die Frage des Themas keine genügende

Antwort erfolgt. Wenn hiernach die Fakultät der Arbeit den Preis nicht ertheilt, so erkennt sie doch andererseits neben dem aufgewandten Fleisse auch die Darstellung des Lehrbegriffs des Hermas selbst als im Wesentlichen richtig an und hält darum die Arbeit einer rühmenden Anerkennung für würdig.

Wenn sich der Verfasser nennen will, so wird sein Name in dem gedruckten Berichte über die gegenwärtige Preisvertheilung ehrenvolle Erwähnung finden."

Die juristische Fakultät hatte die Aufgabe gestellt:

„Frachtbrief und Frachtbriefduplikat nach den Bestimmungen des deutschen Handelsgesetzbuches und des internationalen Uebereinkommens über den Eisenbahnfrachtverkehr vom 14. Oktober 1890".

Bei der Fakultät sind zwei Arbeiten eingegangen, über welche das Urtheil der Fakultät besagt:

„Der Verfasser der ersten Arbeit, welche das Motto trägt: „Irrt' ich? Es sei! (Platen, Oden V)" zeigt ein energisches Streben, die juristische Natur der in Frage kommenden Rechtsinstitute zu erfassen. Er ist mit anerkennenswerthem Fleisse und nicht ohne Begabung seinem Ziele nachgegangen, hat sich aber durch die von ihm aufgestellte Theorie des Frachtvertrages als eines eigenartigen Realvertrages (contractus sui generis) für die Erreichung dieses Zieles selbst die Augen verschlossen. Wäre er auf die allerdings erst nach dem 22. November v. Js. publicirte „Verkehrsordnung für die Eisenbahnen Deutschlands" näher eingegangen, so würde diese, zumal in Verbindung mit den ganz unberücksichtigt gelassenen Normen des Seefrachtgeschäftes, ihn von der Unmöglichkeit seiner Theorie überzeugt haben. Auch die Nichtberücksichtigung der Entscheidungen des Reichsgerichtes und Reichsoberhandelsgerichtes hat sich an der Arbeit gerächt, während die Litteratur im Allgemeinen mit Fleiss und Verständniss herangezogen ist. Da die Arbeit, abgesehen von der Behandlung des Frachtbriefduplikates, in der Hauptsache zu unrichtigen Ergebnissen kommt, auch im Einzelnen mehrfach durch sachliche wie stilistische Fehler beeinträchtigt wird, so ist die Fakultät bei aller Anerkennung des von dem Verfasser bewiesenen Strebens nicht in der Lage, seiner Arbeit den Preis zuzuerkennen".

„Die zweite Arbeit, welche das Motto trägt: „Unversieglich fliessen die Quellen des Rechts", zeugt von ausserordentlichem Fleisse und peinlicher Gewissenhaftigkeit des Verfassers. Stilistisch ist an der Arbeit nichts auszusetzen, auch sachlich fehlt es, abgesehen von kleineren Verstössen, die nicht in's Gewicht fallen, an Unrichtigkeiten, durch welche das Urtheil über die Leistung des Verfassers beeinträchtigt werden könnte. Auf 178 Seiten behandelt derselbe sämmtliche Details der in Frage kommenden Lehre, aber gerade die hier aufgewendete Sorgfalt hat der Arbeit in hohem Grade geschadet. Der Verfasser kommt vielfach über eine mehr oder weniger äusserliche Zusammenstellung von Einzelvorschriften nicht hinaus, er dringt nicht in die Tiefe und begnügt sich bei den zahlreichen wissenschaftlichen Streitfragen, die ihm entgegentreten, oft genug mit der Erklärung, dass man sich am Besten der und der Auffassung anschliesse. So ist es ihm vor lauter Detailarbeit nicht gelungen, die juristische Bedeutung der interessanten Probleme zu erfassen, und die Fakultät sieht sich zu ihrem Bedauern in der Lage, auch dieser fleissigen und vielfach anerkennenswerthen Arbeit den Preis versagen zu müssen".

Für das heute beginnende neue Studienjahr werden die folgenden Preisaufgaben gestellt:

Von der theologischen Fakultät:

"Es soll die Vorstellungswelt des zweiten Elohisten und die des Jahwisten miteinander verglichen, die Ineinanderfugung beider Schriften geprüft und die Entstehungszeit jeder einzelnen, oder doch mindestens die Priorität einer derselben, festgesetzt werden".

Von der juristischen Fakultät:

"Ist es ein Erforderniss einer rechtlich bindenden Obligation, dass die den Inhalt derselben bildende Leistung einen Vermögenswerth habe?"

Von der medicinischen Fakultät:

"Es wird eine experimentelle Untersuchung über das Schicksal des Coffeïn und Theobromin im thierischen Organismus gewünscht".

Von der philosophischen Fakultät:

I. "Geschichte des lateinischen Suffixes — arius in den romanischen Sprachen".

II. "Es soll das Risiko der Unternehmer wirthschaftlicher Geschäftsbetriebe in seiner Bedeutung für die Produktion der Güter und für die Vertheilung des Einkommens unter Berücksichtigung der bezüglichen Ausführungen in der neuesten Litteratur erörtert werden".

Von der naturwissenschaftlich-mathematischen Fakultät:

"Es wird eine genauere Untersuchung der Theilungsvorgänge, insbesondere der des Kernes, bei einem Vertreter der Gruppe der Mastigophoren gewünscht".

Commilitonen!

Mannigfaltig sind die Arbeiten, die sich Ihnen hier zum wissenschaftlichen Wettbewerb darbieten. Ueben Sie Ihre jungen Kräfte daran und seien Sie überzeugt, dass nichts so sehr das Selbstvertrauen erhöht und so viel innere Befriedigung gewährt, als die ernste und erfolgreiche Beschäftigung mit wissenschaftlicher Arbeit. Möge es meinem Nachfolger vergönnt sein, recht zahlreiche Preisbewerber mit wohlverdientem Preise zu krönen!

Hochverehrte Anwesende!

Das vor Ihnen aufgerollte Bild des Standes unserer Hochschule zeigt uns das erfreuliche Blühen und Gedeihen derselben und lenkt unsere dankbaren Blicke auf das erhabene Fürstenhaus zurück, unter dessen nie ermüdender Fürsorge unsere Hochschule seit nahezu einem Jahrhundert zu stehen das Glück hat.

Das Werk, das der Ahnherr glücklich begonnen, wird von dem Enkel in glänzender Weise weitergeführt, und so schliesse ich mit dem Ausdruck unseres tiefempfundenen Dankes an unsern durchlauchtigsten Rector magnificentissimus, an unsern allergnädigsten Grossherzog Friedrich.

Gott schütze und segne Ihn und Sein ganzes Haus!

Beilage I.

Verzeichniss

der

Souveräne, Regierungen, Behörden, Gesellschaften und Privatpersonen, welche der Grossherzoglichen Universitätsbibliothek in der Zeit vom 1. November 1892 bis 31. Oktober 1893 Geschenke überwiesen haben.

Karlsruhe.
Das Grossh. Ministerium d. Justiz, des Kultus und Unterrichts.
Das Grossh. Ministerium d. Innern.
Der evangelische Oberkirchenrat.
Die Bad. historische Kommission.
Die Gr. Hof- u. Landesbibliothek.
Die Kaiserl. Oberpostdirektion.
Die Generaldirektion der Grossh. Staatseisenbahnen.
Die Grossh. Baudirektion.
Das Centralbureau f. Meteorologie und Hydrographie.
Die Grossh. Landesgewerbehalle.
Die Grossh. Sternwarte.
Die Handelskammer für den Kreis Karlsruhe.
Herr Prof. Dr. Rosenberg.
Herr Oberschulrath Dr, v. Sallwürk.

Heidelberg.
Das akademische Direktorium.
Die theologische Fakultät
Die Grossh. Geol. Landesanstalt.
Der Stadtrath.
Die Kommission für die Geschichte der Stadt Heidelberg.
Der Schlossverein.
Der Allgem. deutsche Schulverein Ortsgruppe Heidelberg
Herr Prof. Dr. Bassermann.
Frau Geh. Rath von Bulmerincq.
Herr Carl Christ.
Herr Prof. Dr. v. Duhn.
Herr Geh. Rath Prof. Dr. Kuno Fischer Excellenz.
Frau Hofrath Gervinus †.
Herr Prof. Dr. Goldschmidt.
Herr Buchhändler Karl Gross.
Herr Bibliothekar Dr. Hintzelmann.
Herr Privatdocent Dr. Kahle.

Herr Geh. Hofr. Prof. Dr. Karlowa.
Herr Prof. Dr. v. Kirchenheim.
Herr Buchhändler G. Koester.
Herr Geh. Rath Prof. Dr. Leber.
Herr Prof. Dr. Lemme.
Herr Dr. Lorentzen
Herr stud. med. A. Mahler.
Herr Rath Mays †.
Herr Geh. Hofrath Prof. Dr. Merx.
Herr Kollegienrath Prof. Dr. Fr. Meyer.
Herr Geh. Hofrath Prof. Dr. Georg Meyer.
Herr Dr med. Jos. Mies.
Herr Photograph Münnich.
Herr Bauinspektor a. D Nueher.
Herr Prof. Dr. Neumann.
Herr Prof Dr. v. Oechelhäuser.
Herr Referendär Dr. Osterrieth.
Herr Buchhändler O. Petters
Herr Musikalienhändler F. Pfeiffer.
Herr Hofrath Prof. Dr. Pfitzer.
Herr Geh. Hofrath Professor Dr. Quincke.
Herr Jean Richard.
Herr Lector Dr. Schneegans.
Herr Geh. Hofrath Professor Dr. Schroeder.
Herr Stadtpfarrer Schwarz.
Herr Architekt Seitz.
Herr Dr. Sillib.
Herr Prof. Dr G. Thibaut.
Frau Direktor Dr. Thilo.
Herr Dr. Toepke.
Herr Bürgermeister Dr. Walz.
Herr Dr. Wassmunsdorff.
Herr Bibliothekar Prof. Dr. Wille.
Herr Geh Hofrath Prof. Dr. Winkelmann.
Herr Prof. Dr. Wolfrum.
Herr Oberbibliothekar Hofrath Professor Dr. Zangemeister.

Eberbach.
Herr Frey.

Freiburg i. B.
Die Grossh. Universitäts-Biblioth.
Die Herder'sche Verlagsbuchhdlg.
Die akademische Verlagsbuchhandlung von J. C. B. Mohr (Paul Siebeck).

Konstanz.
Her Jos. Bernh. Jack.

Lichtenthal b. Baden.
Herr Prof. Dr. E. Böhmer.

Mannheim.
Die Handelskammer für den Kreis Mannheim
Herr Rechtsanwalt Th. Alt.
Frau Dr. Eyrich.

Neulussheim.
Herr Pfarrer Trautwein.

Pforzheim.
Herr Moritz Müller sen.

Zusenhausen.
Herr Pfarrer Glock.

Augsburg.
Herr Studienlehrer Radlkofer.

Berlin.
Das Kaiserl. Reichsamt d. Innern
Das Bureau des deutschen Reichstags.
Das Kaiserl. Statistische Amt.

Das Kaiserl. Gesundheitsamt.
Das Königl. Ministerium für Landwirtschaft, Domäne und Forsten.
Das Bureau des Hauses der Abgeordneten.
Die Königl. Geolog. Landesanstalt und Bergakademie
Die Königl. Bibliothek.
Die Königl. Niederländische Gesandtschaft.
Die Schriftleitung der Burschenschaftlichen Blätter.
Die Buchhandlung von R. Friedländer u. S.
Die Verlagsbuchhandlung von J. Guttentag.
Herr Emil Pohl.
Herr Prof. Dr. Herm. L. Strack.
Herr Geh. Regierungsrat Prof. Dr. Wattenbach.

Doberan.
Herr J. F. Soldat.

Dresden.
Das Statist. Bureau des Königl. Sächs. Ministeriums des Innern.
Das Königl. Sächs. Ministerium.
Freiherr Louis Ferdin. von Eberstein.

Eberswalde.
Die Hauptstation des forstlichen Versuchswesens in Preussen.

Frankenthal.
Der Altertumsverein.
Herr Studienlehrer Fr. J. Hildenbrand.

Frankfurt a. M.
Die Stadtbibliothek.
Die Freiherrl. Carl v. Rothschildsche öffentliche Bibliothek.
Das Städel'sche Kunstinstitut.

Gimmeldingen.
Herr Gutsbesitzer W. Rheinberger.

Greifswald.
Herr Oberbibliothek. Dr. O. Gilbert.

Hannover.
Herr Prof. Dr. K. E. Hasse.

Kösen.
Der allgemeine deutsche Bäderverband.

Langensalza.
Herr Oberlehrer A. Wenzel.

Leipzig.
Herr Buchhändler W. Engelmann.
Die Verlagsbuchhandlung v. Breitkopf u. Härtel.
Herr Verlagsbuchhändler Georg Thieme.

Liegnitz.
Die Handelskammer.

Marggrabowa.
Herr Landrath Dr. jur. W. Meister.

Merseburg.
Der Vorstand des Verbandes der öffentlichen Feuerversicherungsanstalten in Deutschland.

München.
Herr Dr. H. Eisenhardt.
Herr Hauptmann a. D. Ludwig von Hartlieb, gen. v. Wallsporn.

Nürnberg.
Der Stadtmagistrat.
Das Germanische Museum.

Potsdam.
Das Centralbureau der internationalen Erdmessung.

Strassburg i. E.
Das Ministerium für Elsass-Lothringen.
Das Statist. Bureau des Ministeriums für Elsass-Lothringen.
Herr Buchhändler E. d'Oleire.

Stuttgart.
Das Königl. Statist. Landesamt.

Trier.
Die Gesellschaft für nützliche Forschungen.

Tübingen.
Herr Privatdoz. Dr. E. A. Wülfing.

Wernigerode.
Der Harzverein f. Geschichte etc.
Herr Paul Höfer.

Worms.
Frhr. C. W. Heyl zu Hernsheim.

Hermannstadt.
Das Landeskonsistorium der evang. Landeskirche in Siebenbürgen.

Innsbruck.
Herr Dr. Franz Winkler.

Krakau.
Das Direktorium des St. Hyacinth-Gymnasiums.

Wien.
Herr Dr. Norbert Herz.
Herr Moriz Kuhn.
Herr Ant. Mörath, Fürstl. Schwarzenberg. Centralarchivar.

Bern.
Das Bundesarchiv der Schweizer. Eidgenossenschaft.
Herr Dr. S. Singer.

Zürich.
Herr Dr. Julius Frey.
Die Stadtbibliothek.

Kopenhagen.
Die Universität.
Herr R. C. Rasmussen.

Herzogenbusch.
Herr K. W. Gerard Ditdinger.

Brüssel.
Herr Désiré van Bastelaer.

Gent.
Herr Oberbibliothekar Ferd. van der Haeghen.

Aberdeen.
Herr John Malcolm Bulloch.

Cambridge.
Die University-Library.
Die Philosophical Society.

Cratfield.
Herr A. Griffith.

Dublin.
Herr James Byrne M. A. Dean of Clonfert.
Herr Dr. Athinson.
Herr Dr. James Henri Trustees.

Greenwich.
Das Royal Observatory.

London.
Das British Museum.
Die British Association for the Advancement of Science.
Die Howard Association
Die Pathological Society.
Das College of Physicians.
Das India Office.

Oxford.
Herr F. Haverfield.

Rushmore.
Herr Lieutenant-General Pitt Rivers.

Paris.
Das Ministère de l'instruction publique.

Florenz.
Frau Emilia Peruzzi.

Neapel.
Die Accademia di scienze morali politiche.
Herr Carlo Siniscalco.

Rom.
Das Königliche Ital. Unterrichtsministerium.
Das Ministero di agricoltura etc.
Die Società geogr. Italiana.
Herr Pietro Pinton.

Turin.
Die R. Deputazione di storia patria.

Venedig.
Die St. Marcusbibliothek.
Herr C. Castellari, Praefect der St. Marcusbibliothek.

Coimbra.
Die Universität.

Jurjew (Dorpat).
Die Universität.

Moskau.
Die académie agricole de Pétrowsky.
Herr Dr. W. Schnaubert.

Tiflis.
Herr Janoffsky, conseiller privé.

Albany.
Die University of the State of New-York.

Austin.
Herr Dr. Alex. Macfarlane.

Berkeley.
The Lick Observatory.
Herr A. Welcker.

Charlotteville.
Die University of Virginia.

Chicago.
Herr Edward Capps.

Minneapolis.
Das Office of the Geol. and Nat. History Survey of Minnesota.

Montgomery Ala.
Herr Eugene A. Smith Ph. D.

New Haven Conn.
Die Yale University Library.

New-York.
Herr Dr. L. Duncan Bulkley.

Ottawa.
Die R Society of Canada.
Das Geol. Survey Department of Canada.

Philadelphia.
Das College of Physicians
Das Committee of Publications of the American Orthopedic Association.

Washington.
Das Bureau of Ethnology.
Das Smithsonian Institution.
Das Department of the Interior.

Willimansett Mass.
Herr James Emerson.

Calcutta.
Das Geol. Survey Office of India.
Die Asiatic Society of Bengal.

Beilage II.

Verzeichniss

der

an der Universität Heidelberg vom 23. November 1892 bis 22. November 1893 Promovirten.

I. In der juristischen Fakultät.

1. Haug Hugo, aus Strassburg, am 30. November 1892.
2. Feist David, aus Mannheim, am 7. Dezember 1892.
3. Grädinger Franz, aus Dachau, am 7. Dezember 1892.
4. Koch Walter, aus Chemnitz, am 10. Dezember 1892.
5. Wenck Wilhelm, aus Leipzig, am 17. Dezember 1892.
6. Stein Joseph, aus Messelhausen, am 17. Dezember 1892.
7. Reis Gustav, aus Mannheim, am 21. Dezember 1892.
8. Wassermann Martin, aus Hamburg, am 23. Dezember 1892.
9. Illing Ernst Eduard, aus Leipzig, am 18. Januar 1893.
10. Baumann Richard, aus Dresden, am 28. Januar 1893.
11. Jordan Ludwig, aus Stuttgart, am 28. Januar 1893.
12. Davidsohn Leo, aus Berlin, am 8. Februar 1893.
13. Böhmer Ernst Reinhold, aus Oberwutzschwitz, am 8. Februar 1893.
14. Völker S. August, aus Köln, am 21. Februar 1893.
15. Geller Franz Joseph, aus Köln, am 22. Februar 1893.
16. Eissfeldt Gustav, aus Braunschweig, 22. Februar 1893.
17. Arnold Max, aus Luzern, 24. Februar 1893.
18. Olgiati Orestes, aus Poschiavo, am 24. Februar 1893.
19. Emperius Max, aus Weimar, am 25. Februar 1893.
20. Otto Wilhelm Paul, aus Chemnitz, am 25. Februar 1893.
21. Tittel Alfred, aus Eibenstock, am 25. Februar 1893.
22. Krug Walter, aus Dresden, am 27. Februar 1893.
23. Ullrich Otto, aus Dresden, am 27. Februar 1893.
24. Gensel August Richard, aus Leipzig, am 3. März 1893.
25. Wertheimer Ludwig, aus Frankfurt a. M., am 4. März 1893.
26. Braeuer Ottomar, aus Leipzig, am 4. März 1893.
27. Griesbach Max, aus Meiningen, am 10. März 1893.
28. Hopff Gustav Albert, aus Hamburg, am 10. März 1893.
29. Schöppler Heinrich Emil, aus Crossen, am 11. März 1893.
30. Merck Ernst, aus Offenbach, am 11. März 1893.
31. Ullmann Walter, aus Dresden, am 14. März 1893.
32. Verges Ottomar, aus Himmelsberg, 16. März 1893.
33. Wauer Benedikt Theodor, aus Herrenhut, am 16. März 1893.
34. Rauch Dr. Kuno, aus Rottweil, am 18. April 1893.
35. List Hugo, aus Leipzig, am 18. April 1893.
36. Enderlein Kuno, aus Leipzig, am 20. April 1893.

37. Brandt Joseph, aus Ludwigshafen a. Rh., am 20. April 1893.
38. Motta Joseph, aus Airola, am 22. April 1893.
39. Tebelmann Heinrich, aus Bremen, am 22. April 1893.
40. Anagnostopulos Nikolaus, aus Patras, am 25. April 1893.
41. von Bohlen und Halbach, Gustav aus Karlsruhe, am 5. Mai 1893.
42. Pfafferott Franz, aus Wertheim, am 5. Mai 1893.
43. Hahn Alfred, aus Klingenmünster, am 9. Mai 1893.
44. Fritzsche Max, aus Leipzig, am 9. Mai 1893.
45. Kneschke Julius Arno, aus Leipzig, am 13. Mai 1893.
46. von Siebert Edmund, aus St. Petersburg, am 13. Mai 1893.
47. Augenstein Leopold Fr., aus Bietigheim, am 17. Mai 1893.
48. Lang Karl, aus Bremerhaven, am 17. Mai 1893.
49. Neijoff Jordan, aus Widdin, am 20. Mai 1893.
50. Heilbrunn Ludwig, aus Frankfurt a. M., am 20. Mai 1893.
51. Rensch Otto, aus Neuwied, am 30. Mai 1893.
52. Gunzert Gustav, aus Mannheim, am 30. Mai 1893.
53. Jaenecke Friedrich, aus Hannover, am 31. Mai 1893.
54. Seubert Friedrich, aus Karlsruhe, am 31. Mai 1893.
55. Jahn Hugo, aus Rochlitz, am 9. Juni 1893.
56. Mellmann Max, aus Dortmund, am 9. Juni 1893.
57. Fuchs Albert, aus Triberg, am 23. Juni 1893.
58. Rähmel Leopold, aus Berlin, am 24. Juni 1893.
59. von Salis Hector, aus Graubünden, am 24. Juni 1893.
60. Rödler Joseph, aus Alzey, am 27. Juni 1893.
61. Petroniewitsch Milosch, aus Belgrad, am 4. Juli 1893.
62. Bassermann-Jordan Ludwig, aus Deidesheim, am 8. Juli 1893.
63. Siebert Otto, aus Wiesbaden, am 8. Juli 1893.
64. Döge Paul, aus Stockheim i. S., am 14. Juli 1893.
65. Juschke Alfred, aus Sonnenburg, am 18. Juli 1893.
66. Pindter Ludwig, aus Berlin, am 18. Juli 1893.
67. Deutsch Arthur, aus Mannheim, am 19. Juli 1893.
68. Mann Walter, aus Magdeburg, am 28. Juli 1893.
69. Levin Max, aus Stolp, am 1. August 1893.
70. Frederking Eugen, aus Leipzig, am 1. August 1893.
71. Lucanus Eberhard, aus Schrien, am 1. August 1893.
72. Frenzel Paul Richard, aus Stolberg, am 1. August 1893.
73. Busch Felix, aus Berlin, am 3. August 1893.
74. Engler Carl, aus Karlsruhe, am 3. August 1893.
75. de Lasalle Alphonse, aus Naumburg, am 4. August 1893.
76. Tscherkassky Joseph, aus Pereyaslaw, am 4. August 1893.
77. Wolf Paul, aus Leipzig, am 5. August 1893.
78. Stauss Johannes, aus Greiz, am 5. August 1893.
79. Bauer Georg, aus Freiberg, am 5. August 1893.
80. Apfel Adolf, aus Münstereifel, am 8. August 1893.
81. von Süssmilch-Hörnig Carl, aus Dresden, am 9. August 1893.
82. Hölzel Johann David, aus Zwickau, am 9. August 1893.
83. Schoch Otto, aus Lichtenau, am 10. August 1893.
84. Bojadschieff Dontscho G., aus Bulgarien, am 10. August 1893.
85. Mussgnug Elias, aus Regensburg, am 25. Oktober 1893.

86. Wimmer Ernst, aus Annaberg, am 25. Oktober 1893.
87. Brüggenwerth Karl, aus Butzbach, am 31. Oktober 1893.
88. Senger Heinrich, aus Darmstadt, am 31. Oktober 1893.
89. Wolff Carl, aus Giessen, am 17. November 1893.

II. In der medicinischen Fakultät.

1. Girshausen Wilhelm, aus Neunkirchen, am 17. Dezember 1892.
2. Gross Adolf, aus Bruchsal, am 13. Februar 1893.
3. Sondheimer Joël, aus Gailingen, am 13. Februar 1893.
4. Lövinsohn Max, aus Danzig, am 6. März 1893.
5. Stern Ernst, aus Löven, am 6. März 1893.
6. Strubel Richard, aus Lambrecht, am 6. März 1893.
7. Neufeld Fred, aus Neuteich, am 15. März 1893.
8. Dreydorff Heinrich, aus Leipzig, am 15. März 1893.
9. Saake Wilhelm, aus Wolfenbüttel, am 8. Mai 1893.
10. Jöckel Hermann, aus Gau-Algesheim, am 8. Mai 1893.
11. Heil Karl, aus Darmstadt, am 8. Mai 1893.
12. Becker Alfred, aus St. Johann, am 19. Mai 1893.
13. Henker Heinrich, aus Kirchenlaunitz, am 16. Juni 1893.
14. Duffing Julius, aus Dertingen, am 16. Juni 1893.
15. Boeckh Georg, aus Karlsruhe, am 16. Juni 1893.
16. Leedham Green Charles Albert, aus Manchester, am 1. Juli 1893.
17. Rieckenberg Wilhelm, aus Aachen, am 1. Juli 1893.
18. Berberich Ludwig, aus Seckenheim, am 14. Juli 1893.
19. Zoeller Adolf, aus Darmstadt, am 14. Juli 1893.
20. Baerwald Arnold, aus Frankfurt a. M., am 2. August 1893.
21. Schoonheid, aus Amsterdam, am 2. August 1893.
22. Loeb Berthold, aus Bruchsal, am 2. August 1893.
23. Rothenberg Max, aus Dassel, am 2. August 1883.
24. Fath Siegmund, aus Leutershausen, am 2. August 1893.
25. Werner Heinrich, aus Heidelberg, am 2. August 1893.
26. Ehrmann Oskar, aus Heidelberg, am 16. November 1893.

III. In der philosophischen Fakultät.

1. Freiherr von Boenigk Otto, aus Freiburg i. Schl., am 2. Dezember 1892.
2. Wagner Ernst Winfrid, aus Stuttgart, am 9. Dezember 1892.
3. Bamberger Moses L., aus Fischach, am 24. Februar 1893.
4. Gerhard Ferdinand, aus Wolfenbüttel, am 27. Februar 1893.
5. Wolff Rudolf, aus Heidelberg, am 10. März 1893.
6. Zolinski Joseph, aus Jaraczewo, am 6. Juni 1893.
7. Burdinski Richard, aus Insterburg, am 13. Juni 1893.
8. Huasler Ernst, aus Berlin, am 27. Juni 1893.
9. Arnsperger Walter, aus Heidelberg, am 3. Juli 1893.
10. Liedtke Heinrich, aus Königsberg i. P., am 10. Juli 1893.
11. Sklarek Max, aus Beuthen, am 22. Juli 1893.

12. Jones Richard, aus Berlin (Nordamerika), am 24. Juli 1893.
13. Schallandes Léon, aus St. Petersburg, am 30. Oktober 1893.

IV. In der naturwissenschaftlich-mathematischen Fakultät.

1. Häuser Georg, aus Karlsruhe, am 28. November 1892.
2. Maier Ludwig, aus Ettenheim, am 8. Dezember 1892.
3. Phillippow Michael, aus Okino (Russland), am 5. Januar 1893.
4. Müller Franz, ans Berlin, am 11. Januar 1893.
5. Fertsch Friedrich, aus Butzbach, am 18. Januar 1893.
6. Kaufmann Hugo, aus Ludwigsburg, am 30. Januar 1893.
7. Adams Franc, aus Montreal, am 2. März 1893.
8. Cathcart William, aus Columbia, am 2. März 1893.
9. Aschoff Carl, aus Kreuznach, am 7. März 1893.
10. Hartmann Christoph, aus Frankfurt a. M., am 8. April 1893.
11. Reinecke Franz, aus Raatz, am 8. April 1893.
12. Vogtherr Johannes, aus Meiningen, am 8. April 1893.
13. Wetz Heinrich, aus Griedel, um 10. April 1893.
14. Kronstein Abraham, aus Louzk (Russland), am 13. April 1893.
15. Siegfried Moritz, aus Magdeburg, am 13. April 1893.
16. Gümbel Heinrich, aus Dürkheim, am 26. April 1893.
17. Freyer Franz, aus Wien, am 2. Mai 1893.
18. Wachter Wilhelm, aus Gengenbach, am 5. Mai 1893.
19. Moore Ferris, aus Pittsfield (S. Am.), am 10. Mai 1893.
20. Düsterbehn Friedrich, Verden, am 4. Juni 1893.
21. Hewitt Theodor, aus Windsor, am 9. Juni 1893.
22. Franzeck Karl, aus Leobschütz, am 23. Juni 1893.
23. Scharf Wilhelm, aus Pforzheim, am 27. Juni 1893.
24. Schleussner Karl, aus Frankfurt a. M., am 4. Juli 1893.
25. Hölzle Richard, aus Kirchheim a. Teck, am 12. Juli 1893.
26. Luehn Friedrich, aus Oppenheim, am 12. Juli 1893.
27. Etz Peter, aus Worms, am 18. Juli 1893.
28. Vieth Hermann, aus Dessau, am 26. Juli 1893.
29. Müller Karl, aus Immingdingen, am 31. Juli 1893.
30. Schwarz Karl, aus Hannover, am 2. August 1893.
31. Soudborough K., aus Birmingham, am 5. August 1893.
32. Schmitter Adalbert, aus Komotau, am 7. August 1893.
33. Clos Adolph, aus Rheydt, am 15. August 1893.
34. Stockhausen Friedrich, aus Cannstatt, am 17. August 1893.
35. Kay Percy, aus Bradford, am 3. Oktober 1893.
36. Thorp Franc, aus Bloomington, am 3. Oktober 1893.
37. Kunz Rudolf, aus Bielitz, am 12. Oktober 1893.
38. Bone W. Arthur, aus Stockton (England), am 6. November 1893.
39. Herzfelder Armand, aus Budapest, am 15. November 1893.